世界の真実

スピリチュアル
カウンセラー
島尻 淳

青林堂

まえがき

こんにちは、スピリチュアルカウンセラーの島尻淳です。

僕は、恋愛、健康面、人間関係、お仕事のお悩みなどを抱えている方々に対して、相談者の守護霊様と直接交信しながら必要なメッセージをお伝えして今年で14年目になります。

これまでは、鑑定で人々を救っていくことが使命でした。けれど『アミ小さな宇宙人』(徳間書店、2005年)という本を読み、愛に目醒めました。

そこから人類にとって良い影響を与える宇宙人ガルーダが僕のもとを訪れ、皆さんに愛を伝えることが僕の使命となりました。

同時に「地球の真実を知れ！」という強いメッセージが降って来ましたので、今回この本を通じて真実をお伝えしようと思います。

にわかには信じられない驚くような事も書かれていますが、実は真実を知る事で皆さんの次元が上がり、皆さんを目醒めへと導く事ができるのです。

この本が、あなたの覚醒のスイッチが入るきっかけになればとても嬉しいです。

令和3年3月吉日

島尻　淳

目次

第2章　世界を支配している「ディープステート」とは？　39

第3章　闇の支配層の陰謀と宇宙の真実　81

第4章　高次元の宇宙人と5％の覚醒者　101

第5章　愛と霊性に目醒めるために　151

第6章　これから始まる世界の立替え・立直し

第1章

人類は宇宙人による遺伝子組換えによって生まれた

矛盾だらけの進化論

この本は、これから人類が目醒めるために必要なポイントをまとめた内容になっています。そこでまず、第1章では地球人類の始まりについて、僕の考えをお伝えしたいと思います。

最初に結論を言わせていただくと、「人類の始まりは、私達がこれまで習ってきたダーウィンの進化論とは違う」という事です。

つまり、「今の人類はサルから進化したのではない」というのが僕の考えです。そもそも進化論自体がいろんな矛盾をはらんでいて、決して決定的なものではありません。

進化論は、それまでの「生物は創造主によって現在の形のまま創造さ

れた」とする考え方に対して、「原初の単純な形態から淘汰によって次第に現在の形に変化した」とする考え方です。

個体が長い年月をかけて少しずつ進化していき、生き残りやすい特性を兼ね備えたものだけが生き残っていったという考えから自然淘汰説とも言われていますが、ところが、ダーウィン自身は「人類の進化だけは説明がつかない」とも言っていたのです。

そこでまず、進化論の基本的な矛盾点をあげておきましょう。

・長い年月をかけて徐々に進化したという考

えは、カンブリア紀（5億4200万年前〜4億8800万年前）に、生物の種類が1万種から30万種に突然増えた「カンブリア爆発」を説明できない。

・突然変異によって生存に優位なものが残ったとされているものの、必ずしも生存に有利な形質が選択されて残っているわけではない。

・古い種と新しい種とを結ぶ中間段階の生物の化石は見つかっていない（ミッシングリング）。

・サルが突然変異を何度もくり返してヒトになったとしても、その間に突然変異による退化も起きる事から、なぜヒトだけが高度な進化を遂げたのかを説明できない。

このように進化論は矛盾だらけですが、さらに近年、決定的な事実が明らかになっています。

２０１８年5月、米ロックフェラー大学とスイス・バーゼル大学の研究チームが、これまでの定説を覆す驚くべき研究結果を発表したのです。

それによると、世界中の研究者が10万種の動物から採取した遺伝子の断片を調べたところ、現在、地球上に生息するヒトを含む生物の約９割が20万年前~10万年前に出現した事がわかったのです。

つまり、今地球上に存在している生物のほとんどが、ある時期に突然出現したという事で、そもそも最初から、猫は猫、犬は犬、人間は人間だったのです。

人類は宇宙人によって猿人を遺伝子操作されて作られた

そうなると、それぞれの生物の大元（オリジナル）を創造した存在がい

シュメール人

る事になるわけですが、実は、今の地球人類が発生した理由についてはすでにわかっています。

ズバリ、地球人は、宇宙人によって、猿人を遺伝子操作して作られた存在です。

実は、世界最古の文明と言われるシュメール文明時代に書かれた粘土板にその記録が残っているのです。

宇宙人や超古代文明が好きな人はご存知かもしれませんが、そのシュメールの粘土板に書かれている人類誕生の記録を解読したのは、考古学者のゼカリア・シッチンです。

シッチンが、メソポタミアの粘土板等に刻まれたシュメール語で書かれた古文書を解析したところ、「人類は、数十億年前に、宇宙人によって猿人を遺伝子操作して作られた存在」である事が判明しました。

この有史以前の人類に起きた衝撃の出来事を次々と明らかにしたのがシッチンの著書『地球年代記（The Earth Chronicles）』全5巻で、11か国語に翻訳されて世界的ベストセラーになり、大論争を巻き起こしました。

それによると、地球人を作ったのは「ニビル」という惑星から来たアヌンナキという宇宙人でした。つまり、当時の人類にとってはアヌンナキという宇宙人が創造主（神）だったのです。

アヌンナキは、「天から降りてきた人々」という意味で、レプティリアン（爬虫類型《はちゅうるい》）タイプの宇宙人です。

シッチンによると、そのアヌンナキがまず火星に前線基地を作って、そこから地球を訪れて人類を創造したという事ですが、実際に、シュメール人は自分達の事を「混ぜられて作られたもの」という意味の「ルル」と呼んでいたそうです。

惑星ニビルは、今も３６００年の公転周期で太陽の周りを回っていて、なんと、その惑星ニビルが最近ＮＡＳＡによって発見されているのです。

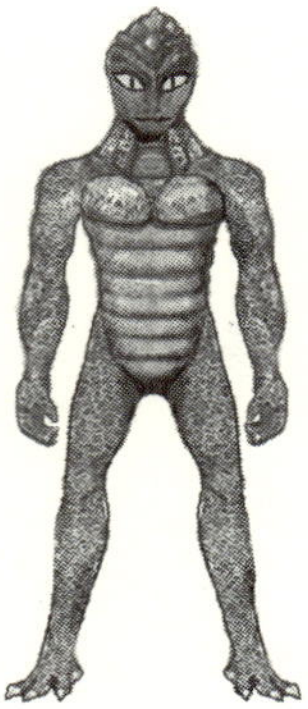

レプティリアン

それは、太陽系にあるとされてきた未知の惑星で、この惑星の存在を強く裏づける新たな発見があったと英紙「The Guardian」ほか多数メディアが大きく報道しています。

その証拠の一つが、２０１８年に発見された太陽系の外縁部に存在する準惑星「ゴブリン（２０１５ＴＧ３８７）」です。米・カーネギー研究所のチームの発表によると、ゴブリンは直径３００キロほどの小さな天体で、非常に細長い軌道を描いているそうです。

そして、このゴブリンはまだ発見されていない巨大な天体の重力の影響を受けている可能性があり、それは、天文学者の間でも注目されてきた未知のプラネット・ナインと呼ばれる巨大惑星で、まさにその巨大惑星こそがシッチンが解読したニビルだと考えられるのです。

この巨大惑星は、太陽からはるか遠くに離れた位置にあって、なかなか見つかりにくい位置にあるにもかかわらず、それが近年見つかったわけですが、なぜかニビル説を唱えている人達の主張はかき消されてしまっています。

古代シュメール時代に、人類を作りだしたアヌンナキの惑星ニビルが、現在も３６００年の公転周期で太陽の周りを回っているとしたら、彼らは今なお宇宙から私達の行く末を監視しているに違いありません。

人類創造の目的は地球にある金を発掘させるためだった

シッチンによると、惑星ニビルは、地球よりも科学が３０００年も進んでいると言われていたものの、そのままだとやがて大気汚染によって住めなくなると予測されていました。

そこで、星の周りに金を薄くまいて包めば大気汚染が防げて、自分達の星が守られる事がわかりました。宇宙で金を探していたところ、地球に潤沢な量がある事が判明し、金脈を求めて地球にやって来たのです。

今地球には小さな砂金しかないのは、彼らが何億年も前に地球にやって来て、ほとんどの金脈を採掘してニビルに持ち帰ってしまったからです。

ニビル星人であるアヌンナキは神々の最高議会であり、神々は大地と冥界に割り当てられたそうです。その神々の中には、アサル、アサルアリム、アサルアリムヌンナ、アサルルドゥ、エンキ（エア）がいて、人類の歴史にとって決定的な役割を果したしたのが、エンキという神です。

エンキは、人類を導く地球神として最初の人間を「アダム」と名付け、地球の植民地化と人類創成、大洪水の天変地異、さらにアヌンナキの覇権抗争に端を発した核戦争に至るまで、古代地球での実体験の全てを〝神の眼〟で見通し、聖書の中の主の御言葉として残す事にしたのです。

そのエンキにはエンリルという兄弟がいたのですが、人類に知恵を与えようとしたエンキに対して、エンリルは人類に知恵を与えない事を主張したために二人は対立します。

そして、エンリルは大洪水によって人類を一掃しようとしたのに対して、エンキがノアに箱舟を作らせて人類の存続をはかった――これが旧約聖書に記された物語です。

しかし、その後もエンキとエンリルの対立抗争は続き、結局、エンリルが勝利して、その結果、エンキは悪なる存在の「蛇」として見なされてきました。

そもそも、ニビル星の宇宙人が人間を作った目的は、地球に金を求めてやってきたレプティリアンが、地球上にヒエラルキー型の支配構造を作るためでした。

ヒエラルキーというのは、三角形のトップダウン型の組織です。今の会社組織が、トップに社長が、その下に部長、課長、平社員という序列によって成り立っているように、そもそも地球における組織づくりのひな型は、ニビル星にならったシステムなのです。

つまり、地球の金をより多くニビルに持ち帰ったレプティリアンほど上に喜ばれ、そして上からの指令が強まっていったので、効率よく大量の金を発掘するために、当時の猿人に自分達の遺伝子を入れてもっと効率的に働かせるためにできたのが人類なのです。

このように、労働のために作られたのが人類で、爬虫類型レプティリアンは、人間を奴隷と同時に食糧にもしていました。家畜の馬と同じで、馬車にするのか食べるのかどちらかという事です。

昔のピラミッドの壁画に、人間の心臓をえぐってヤミーヤミー（美味しい美味しい）と言いながら食べている絵がありますが、それはレプティリアンが家畜としての人間を食べている姿を描いたものです。これが、昔から生贄《いけにえ》という文化が残ってきた理由です。

地底には高度に進化した原地球人がいる

遺伝子操作によって作られた人類には、ある欠陥がありました。

それは、未熟な状態で生まれてこざるを得ない宿命を負った事です。

ニビル星人達は、遺伝子操作を施した後、彼らはタイムスリップで時間を進められるので、未来の地球を見に行ったところ、思ったように人間が増えていない事を知ります。

その理由は、急に遺伝子組換えをしたため、頭だけが大きくなりすぎて、産道を通るときに突っかかってほとんどの胎児が死産していたのです。

そこで、彼らは「どうしたらいいか？」と考え、もう一度遺伝子組換えを行うのは大変だったので、人間の子どもを未熟児ギリギリの状態で産ませる事にします。

それが十月十日《とつきとおか》という妊娠期間となり、人間だけが苦しんで子どもを産む宿命を背負ってしまったのです。

もし、サルがそのまま進化していたのなら、他の哺乳類の赤ちゃんのようにもっとスムーズに生まれてきてすぐ立ち上がるはずです。

動物の赤ちゃんが産後すぐに立ち上がるのは、母親のお腹の中で十分に成長した段階で生まれてくるからで、そうしなければ他の動物に簡単に食べられてしまうからです。

また、人間の赤ちゃんは、頭のてっぺんに穴が開いていて、骨が繋がっていません。そのため、脳は頭の中で水に浮いたような状態になっています。これもサルから進化していない証拠です。

ダーウィンの進化論だけでなく、遺伝子の情報に関しても私達には真実が知らされていません。

人間のＤＮＡは２本の鎖（二重らせん）からできていると言われていますが、実は、本当は12本の鎖があるのです。でも、その事は、ニビル星人によって遺伝子組換えがなされときに封印されてしまいました。

今は、人間の身体の中には「ジャンク（がらくた）ＤＮＡ」と呼ばれる、使われていない遺伝子が90％くらいある事がわかっていますが、それはそもそもＤＮＡの鎖が12本あるからなのです。

ところが、遺伝子操作によってそれらの多くの遺伝子が封印されてしまった事で、その後の人類に様々な制限が加えられてしまったわけですが、それが今、徐々に封印が解けていっています。

例えば、ニビル星人が地球を訪れた当時、地球には3メートルほど身長がある巨人がいました。それがエジプトの壁画などに描かれている巨人の神様の像で、実はあの姿が人間本来の等身大の姿だったのです。

今は、封印されていた遺伝子がオンになりつつあるために、子ども達の顔や身体つきも変容ぶりが著しく、本来の姿に戻ってきています。たぶん、あと100年くらいすると、元々の身長3メートルくらいになると思います。

このように、スピリチュアルな観点から人類の歴史を解き明かすと様々な事が紐づけられてきますが、これは人類のDNAの解放がなされるタイミングが来ているからです。

次に、シッチンの解読によっても明らかになっている「地球空洞説」という話をしたいと思います。

スピリチュアルな観点から解き明かせば、実は、地球の中は空洞になっており、中に光源があります。北極と南極に穴が空いているので、そこから光が漏れてくるのがオーロラです。

地球の中には、地上の人類よりもはるかに優秀な知的生命体が存在しています。いわゆる「地底人」と呼ばれてきた存在ですが、実は、その知的生命体こそが、地球原産の地球人です。

彼らは、恐竜から進化していった遺伝子操作を受けていない地球人で、私達は彼らの事を宇宙人と呼んでいますが、彼らから見たら反対なのです。「お前らの方が宇宙人だろ、宇宙人に遺伝子組換えをされているんだから」という事です。

地底にいる地球人は、かつて地球にいた恐竜達が進化したタイプの人類で、現人類と違って宇宙人の遺伝子操作は受けていません。なので、彼らとコンタクトをして「でも、君達の骨はどこにもないよね？」と聞いたところ、「いや、骨はあるよ。僕達の骨は化石の中に入っている」という事でした。

この恐竜系の地球人は、地球上の人間よりもはるかに進化していて、私達よりも高度な文明を築いています。彼らは３次元ではなく４次元以上に生きているのです。ちなみに、６次元になってくると肉眼では姿形は見えません。

このように、世の中はウソ八百の情報がまかり通っていますが、政府はそれを知っていながら、「目で見えるもの、聞こえるものだけが真実だ」と、テレビなどのマスコミを通じて一般市民を洗脳している、という事をぜひ知っておいてください。

人類を支配・洗脳してきた爬虫類型の宇宙人

高次元の宇宙人から見たら、それは異常な事だと言っています。彼らは、ヒエラルキー型のレプティリアン達とは反対に、人を分け隔てる事はないので、どんな人間であっても弱い立場の人達をサポートするのが当たり前なのです。

もちろん、爬虫類型レプティリアン以外にも宇宙人は数多くいます。地球に来ているのは、虫型宇宙人やガス型の宇宙人もいて、決して人間型だけではありません。

比較的人間に近いのは、プレアデス星人でしょう。プレアデス星団の和名は「昴《すばる》」です。

昴といえば、歌手の谷村新司さんが平成26（２０１４）年に出版された

『谷村新司の不思議すぎる話』（マガジンハウス、２０１４年）の中で、プレアデスについて述べています。

昴の歌詞は、どこからともなく急に頭の中にフッと浮かんできたそうで、このとき「ん？『さらば昴よ』って何？」と歌詞の意味もわからないまま、手が自然に動いて歌詞を書き留めたそうです。

まさに、宇宙から降りてきたメッセージで歌詞ができたのです。実は、この曲はプレアデス星団の中の一つの星が破壊された物語を詩にしていて、更にこの宇宙戦争をもとにしたのが映画『スター・ウォーズ』です。

谷村さんの『昴』を聞いたり、『スター・ウォーズ』シリーズを観ていると、なぜか心が動揺してしまう人も多いと思いますが、それはそのような宇宙の歴史を記憶しているからなのです。

グレイとアメリカ大統領が交渉してハイブリッドが作られた

地球に来ている宇宙人は、主にプレアデス、レプティリアン、グレイなどですが、今後、人類が悪い方に進むとグレイ化していきます。

グレイ化というのは、感情や欲望を一切なくしていく事です。グレイは、欲や感情を壊したら戦争がなくなるので世界は良くなるだろうと、それらを全て消してしまいました。

ですから、当然、食欲もないのですが、どのようにエネルギーを取り入れるかというと、彼らは巨石をじっと見つめているだけでエネルギーが充電できるようになったのです。

グレイは、ものを食べなくなったので、口が小さくなって、目だけが大きくなった。そして、性欲もないので、生殖器も退化してきた。当然なが

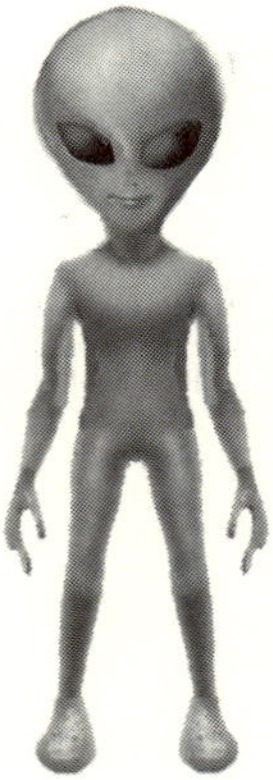

グレイ

ら子孫が増えないので、彼らはアメリカの大統領に「米国の持っている武器を全て捨てたら技術を提供しよう」と交渉を持ちかけました。

でも、当時のアメリカ大統領は、それは怪しいとその提案を蹴った。そこで、グレイが今度は「遺伝子組換えでハイブリットを作ってもらえれば技術提供をする」と提案し、アメリカ側が同意しました。

その結果、たくさんのアメリカ人がＵＦＯに誘拐されるようになったのです。米国のＵＦＯ現象の中でアブダクションの事例として報告されていますが、日本人が誘拐されないのは、グレイとその約束をしていないからです。

もちろん、こうした情報はマスメディアには取り上げられませんが、インターネットや衛星放送上には数多く出回るようになり、もう隠せない段階に入ったのです。

多くの当事者や関係者が、現在、地球にはたくさんの種類の宇宙人が来訪していて、その中には各国の政府に技術や知識を授けている宇宙人がいる事を証言していますが、カナダの元国防相ポール・ヘリヤーもその一人です。

ヘリヤーによると、アメリカの軍事基地には「トールホワイト」というエイリアン来訪し、密かにその高度なテクノロジーを提供していると証言していますが、トールホワイトは身長2メートル30センチ程度の白人型の宇宙人です。

もちろん、先進国の政府は全て掌握していて、国民をパニックにならせないようにという理由で隠しているにすぎません。

でも、あの有名な「ロズウェル事件」を本格的に調査した事で知られる物理学者でUFO研究家のスタントン・フリードマンのように、地球外生命体説を強く支持し、「アメリカ政府はUFOや宇宙人に関する情報を隠している」と主張する人達も多く、また、僕のように宇宙人と直接コンタクトする人達も増えて本当の事を語り出したので、もう隠し通す事はできないでしょう。

人類は過去何度も滅びており、今は5回目のチャレンジのとき

古代の宇宙人は、日本の神話などにも登場しています。例えば、須佐之《スサノ》男命《オノミコト》が倒したという八岐《ヤマタノ》大蛇《オロチ》は、爬虫類型の宇宙人です。

ちなみに、魂から見たら須佐之男命はゼウスと同一人物で、生まれ変わる時代や場所によって別の人物として生きていたのです。

須佐之男命はプレアデス星人と同じ良いタイプの宇宙人で、人間を家畜として使おうとしていたレプティリアンの計画に反対していました。なぜなら、人間をさらに良い存在としたり、進化成長させたいと思って陰ながらずっとサポートをしてきたからです。

それは、宇宙全体のステージを上げていくためです。今が第３次元だとして、第４次元、第５次元とステージが上がっていくために地球人にも手助けして欲しい、成長した地球人に味方をして欲しいのです。

ステージが上がって、４次元から上の次元になると、もはや物質社会ではなくなってくるので、もうそこには爬虫類型のレプティリアンは介入できなくなります。

これまでにも、地球人類が進化するチャンスはありましたが、ムーやアトランティスなどの古代文明はそのつど海に滅んでしまって途絶え、それを過去３、４回ほどくり返してきました。今は５回目のチャレンジであり、次元を上げるチャンスのときです。

聖書に出てくる「ソドムとゴモラ」の話も、過去に滅びさった一つの文明の物語です。この二つの街は、神に対して多くの罪を犯したために神が降らせた火によって滅びた街の代名詞としてもよく知られていますが、その真相は、家畜用に作られた人間とレプティリアンの間に子どもができた事から対立が起きたのです。

金脈を採り作したレプティリアンが「地球を壊して帰る」と言ったのに対して、レプティリアンと人間の間に子どもができた人達もいたので、彼らからすると「それはあまりに酷すぎるので止めるべきだ」という事で、当時、双方の間で核戦争になり、その結果、全てが滅び去ったのです。

そのような超古代に起きた戦争は神話などにも残っていますし、ほとんどの神々は良きにつけ悪しきにつけ、その地を訪れた宇宙人です。

6次元や7次元になれば、思った事が瞬間になんでも叶えられるので、当時の人達にとっては神のような絶対的な存在に見えたのでしょうが、本当はいろんな思惑をもった宇宙人が地球にやって来て、人類に干渉していたのです。

第2章

世界を支配している「ディープステート」とは？

目醒めに近い日本人

第1章は、地球人類の知られざる歴史の話でした。この章では、日本人が目醒めるために知っておくべき事がらについてお話したいと思います。

そもそも、日本は他の国々とは違って、第5期に登場してきた特別な国です。そのため、世界の中でも日本人が最も目醒めやすくなっています。

現在、世界全体は第3次元ですが、第4次元に上がるには愛の波動で目醒めて、自他共に愛で満たす必要があります。

ここがポイントで、第4次元に上がるには、全員が武器を捨てて、全員が家族になる事が条件なのです。

その意味で、今の日本人が一番目醒めやすくなっていると言えます。昔の日本ではそれは難しかったのが、今は様々な困難を乗り越えてきて、愛に目醒める事ができる人達が増えています。私達はそれに気づかなくてはいけないし、気づけるタイミングなのです。

日本人が愛や霊性に目醒めるためには、これまで地球がなぜ何度も滅んだか、そして物やお金に支配されてきた世界の仕組みやバックグラウンドをよく知っておく必要があります。

なぜなら、人間を奴隷として作った爬虫類型のレプティリアン＝悪い宇宙人は、まだ地球に存在しているからです。

通貨発行のからくり

彼らの目的は何かと言えば、一つは、お金で人々を奴隷のように支配し続ける事です。

どういう事か、例をあげてわかりやすく説明しましょう。

紙幣（お札）や貨幣（硬貨）などのお金は、国立印刷局と造幣局が作っているわけですが、原価22円（厳密にいうと122円ほど）のただの和紙を一万円に作り換える業務は、通貨発行券を持っている日本銀行（日銀）が行っています。

日銀は日本唯一の「発券銀行」として銀行券を発行し、一般の金融機関との間でお金の安定供給をはかっているわけですが、そもそも銀行業務のルーツは、このお金のストックと貸し出す券の発行です。

つまり、元々銀行はお金を保管しておく場所代として保管手数料を受け取っていた。それが、次にお金を他に貸し出す事によって発行権＋利息を設けて、手数料や利息で儲けるという仕組みがどんどん膨らんだわけです。

そして、国は通貨発行権を持っていないので、例えば、日銀に「100億円分を刷ってね」とお願いをする。すると、日銀は、仕事をしたから「110億で返して下さい」と国に要求するわけですが、結局、そのお金を誰が払っているかというと、全て国民の税金から支払われているのです。

そもそも、なぜ税金ができたかと言えば、これまで国の貧富の差が広がりきったときに文明が滅びてきた事から、「富裕層から下のほうにお金が廻るようにすれば良い」というのが税金のはじまりです。

ところが、その後、国を治める王や権力者が大金持ちと癒着《ゆちゃく》して税金の味をしめるようになり、新たに消費税などを創設し、中間層の人達からどんどん税金を取るようになります。

そして、一番下層の人達には生活保護を与えて、極端に貧富の差が広がらないようにして、富裕層だけが税の恩恵を得るようにしておくのです。

つまり、あまりにも貧富の差が広がってしまうと必ず暴動が起こるので、「最低限のお金はあげるから黙るように」と貧しい人たちをなだめているわけですが、結果的に、税の徴収という形で一番損をしているのが中間層なのです。

R．ケネディはFRBから通貨発行権を取り戻そうとして殺害された

今の日本の中間層はほぼ衣食住が足りているので、物をあまり買いません。なのに、国の政策は、これまで赤字国債（国の借金）をもっと出すようにと、日銀も政府も市場に資金を投入する政策をしてきました。

ですから、日銀がお金を刷れば刷るほど、たとえ世の中にお金が増えても何の効果もないばかりか、かえって不況が長引いて、国民、特に中間層は貧乏になっていくのです。

そもそも日本銀行は、政府から独立した法人であり、政府資本と民間資

本から成り立つ株式を保有する組織です。

ジャスダックに上場していることから民間企業ではないかという捉え方もされています。

ところが、日本政府の借金は令和２（２０２０）年３月末時点ですでに１１１５兆円もあり、これを家計にたとえると借金がすでに１億１１５０万円あるのにさらに９００万円も借金した事になります。

普通の家庭ならまちがいなく自己破産ですが、政府は「いくらでも日銀に紙幣を刷らせる事ができるから大丈夫だ」とお金を刷れ刷れとけしかけてきたのです。

さらに、新型コロナの影響で、中小零細企業が倒産したり、非正規雇用者がどんどん失職していく中、結局、国の莫大な借金だけが私達の子どもや孫の世代に大きくのしかかっていく…これが今の日本の現実です。

一方、アメリカは、やはり株式会社であるＦＲＢ（連邦準備理事会）が日本の日銀にあたりますが、第3代目のトーマス・ジェファーソン大統領が「民間銀行は軍隊より危険だ」と指摘し、第35代目のケネディ大統領も勇気をもってFRBから通貨発行権を取り戻すために動きました。

ところが、ケネディ大統領は新たに5ドル札を作って、これを「国で発行する」と言ったために、世界中の人々がテレビ中継で彼の雄姿を見守る中で何者かによって無残に暗殺されてしまったのです。つまり、ケネディが暗殺された本当の目的は、通貨発行権を奪われたくない勢力の陰謀だったという事です。

このように、日本でもアメリカでも通貨発行権を握っているのが真の権力者であり、国民をお金でコントロール（搾取《さくしゅ》）しようとしている人達であり、それに一役買っているのが日本の特別会計です。

特別会計という名目で、日本の政府が国民に対して説明もせずに勝手に使える金額が200兆円以上あり、その中には使途不明金が多い事から、かつて民主党の石井紘基《いしいこうき》衆議院議員が国会で追求した事がありました。

平成14（２００２）年に殺害された石井紘基議員が調べたところ、特別会計から多額のお金（埋蔵金）が海外のロスチャイルドやロックフェラーに流れていた事が判明しました。「民主党が政権を取ったら日本にある埋蔵金を全ての税金に当てる」と発言したため、それを阻止する闇の支配層によって消されてしまったのです。

世界中の通貨発行権を持っているロスチャイルド・イルミナティ

アメリカではよく知られた事ですが、ＦＲＢの背後にいて世界中の通貨発行権を持っているのは誰かというと、ロスチャイルド家などのイギリスの貴族、それと連動しているのがイルミナティやフリーメーソンです。

イルミナティは、一度ＦＢＩによって弾圧されたために、啓蒙団体を装ったフリーメーソンを隠《かく》れ蓑《みの》にして、ロスチャイルドと同じロックフェラーなどのユダヤ系財閥と連携しながらフリーメーソンの上に巣食っています。つまり、イルミナティはフリーメーソンの上層部、隠れたトップです。さらに、イルミナティの創設者アダム・ヴァイスハオプトは、米国大統領でありフリーメイソンのジョージ・ワシントンと同一人物とも言われています（＊編集部注：コラム参照）。

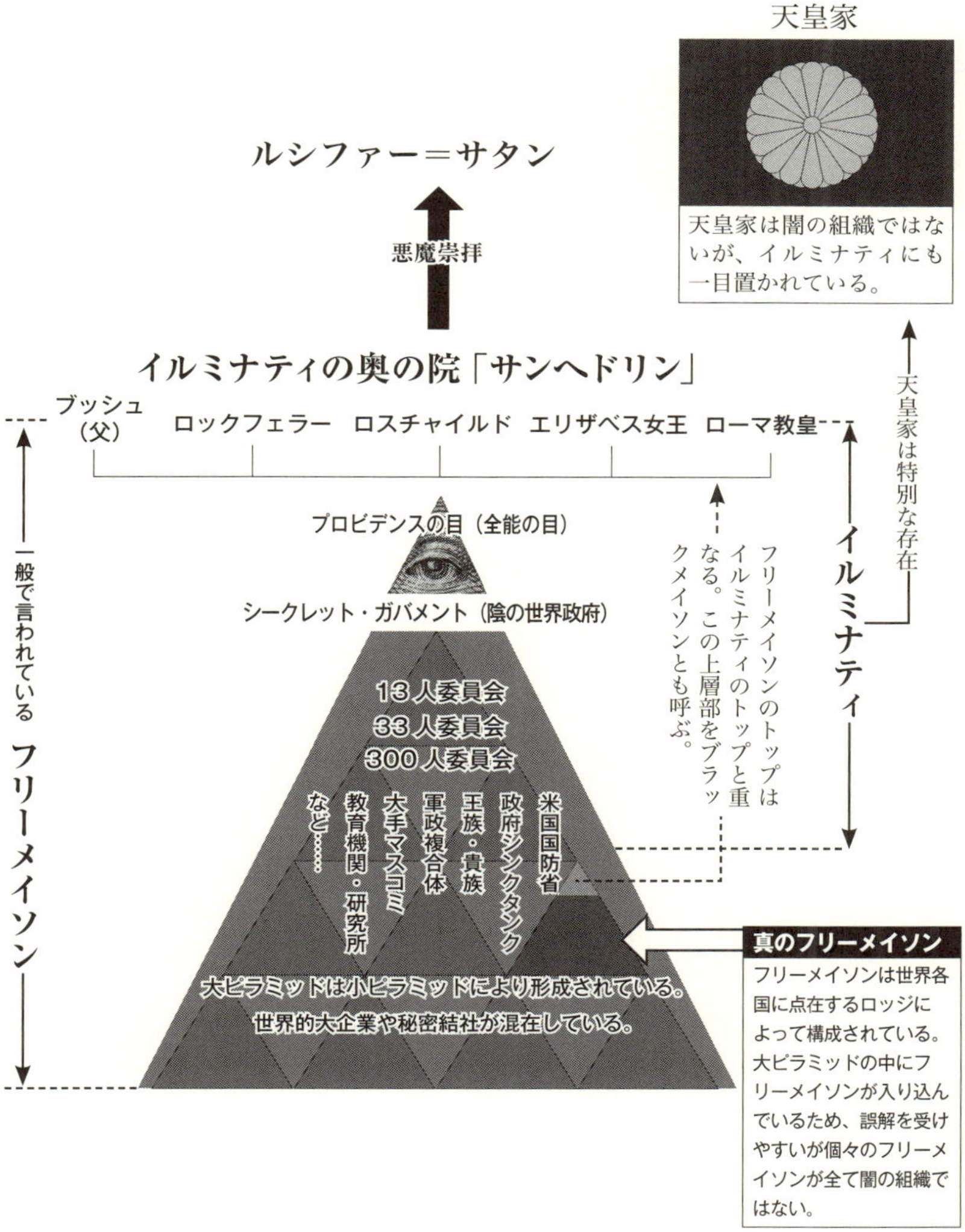
天皇家
天皇家は闇の組織ではないが、イルミナティにも一目置かれている。
ルシファー＝サタン
悪魔崇拝
イルミナティの奥の院「サンヘドリン」
ブッシュ（父）
ロックフェラー
ロスチャイルド
エリザベス女王
ローマ教皇
天皇家は特別な存在
イルミナティ
プロビデンスの目（全能の目）
シークレット・ガバメント（陰の世界政府）
フリーメイソンのトップはイルミナティのトップと重なる。この上層部をブラックメイソンとも呼ぶ。
一般で言われている
フリーメイソン
13人委員会
33人委員会
300人委員会
米国国防省
政府シンクタンク
王族・貴族
軍政複合体
大手マスコミ
教育機関・研究所
など……
真のフリーメイソン
フリーメイソンは世界各国に点在するロッジによって構成されている。大ピラミッドの中にフリーメイソンが入り込んでいるため、誤解を受けやすいが個々のフリーメイソンが全て闇の組織ではない。
大ピラミッドは小ピラミッドにより形成されている。
世界的大企業や秘密結社が混在している。

コラム　イルミナティとは？

◎アダム・ヴァイスハウプトは国際的な人物で、当時の聖職者がこだわる迷信を軽蔑していた。そして、不正に立ち向かおうとしてイルミネイティド（啓蒙的な）組織を立ち上げた。これがのちの1976年5月1日、「バイエルンのイルミナティ」創設に繋がる。

◎イルミナティのロッジはフランス、イタリア、ポーランド、ハンガリー、スウェーデン、デンマーク、ベルギー、オランダに設置されたが、バイエルン政府は1784年6月22日に活動禁止令を出し、翌年3月と8月にも再び規制した。1785年、ヴァイスハウプトは教授職を剥奪《はくだつ》され、バイエルンから追放された。

◎いちど禁止令が出されたあと、イルミナティは勢いを失い、18世紀末には完全に姿を消したかに思えた。
◎いっぽう、イルミナティがフリーメーソンに溶け込んだとする説もある。まさにガン細胞が健康な体をむしばんでいくように浸透していったのだ。以来、イルミナティはフリーメーソンのなかにとどまり、権力を得て世界を操っているという。
『世界の陰謀・謀略論百科』（原書房、２０１９年）より

「ロスチャイルドの世界革命行動計画」とは？

・初代ロスチャイルド　マイヤー・アムシェル・ロスチャイルド（１７４４年　ドイツ・フランクフルトのゲットー生まれ）が30歳のとき、フランクフルトに12人の実力者を集めて秘密会議を開いたと言

われている。

・ここで、全世界のマンパワーと資源を独占的に支配するための計画が話し合われ、25項目からなる「世界革命行動計画」と呼ばれるアジェンダ（行動計画書）がスタートしたとされる。

1．人間を支配するには暴力とテロリズムに訴えると最善の結果が得られる。権力は力の中に存在している。

2．政治権力を奪取するには「リベラリズム」を説くだけで十分である。そうすれば有権者は一つの思想のために自らの力、権力を手放す事になり、その放棄された力、特権をかき集めて手中に収めればいい。

3．大衆はどのようにして自由を享受すればいいのかわからない。「自由」という思想を利用すれば「階級闘争」を生じさせる事も可能だ。

4．最終目標に到達するためには、ありとあらゆる手段を正当化できる。

率直さや正直さといった国民としての立派な資質は政治に支障をきたすから、支配者となろうとする者は狡賢《こうかつ》さ、欺瞞《ぎまん》に訴えなければならない。

5. 我々の権利は力の中にある。私が見出している新たな権利とは、強者の権利によって攻撃する権利であり、既存の秩序、規律の全てを粉砕し、既存の全ての制度を再構築する権利である。

6. 我々の富の力は、いかなる狡賢さ、力によっても損なわれないような強さを獲得するときまで、表面化しないよう保たれなければならない。

7. 群集心理を利用して大衆に対する支配権を獲得すべきだ。

8. 酒類、ドラッグ、退廃《たいはい》的道徳、あらゆる形態の悪徳を代理人を通じて組織的に利用する事で、諸国家の若者の道徳心を低下させなければならない。

9．そうする事で服従と主権を確保できるなら、何がなんでも、とまどう事なく財産を奪い取る権利が自分達にはある。

10．我々は「自由・平等・博愛」という言葉を民衆に教え込んだ最初の民族である。ゴイムは難解さゆえにこの言葉の意味とその相互関係の対立に気付く事さえない（※ゴイムというのは非ユダヤ人、また家畜やブタという意味もある）。

11．自ら戦争を誘発しながら、敵対するどちらの側にも領土の獲得が生じない平和会議を主導しなければならない。戦争は対立する双方の国家がさらに負債を抱え込み、我々の代理人の手中に落ちるよう主導されなければならない。

12．財を活用して、我々の要求に素直に従い、ゲームの駒となって、政府を陰で操る事を我々から任じられた人物を選ばなければならない。

13．誹謗、中傷、偽の情報を流した事でどのような波紋が広がろうと、自らは姿を隠したまま、非難される事がないようにしなければならない。

14. 貧困と恐怖によって大衆が支配されたときには、常に代理人を表舞台に立たせ、秩序を回復すべきときが来れば、犠牲者は犯罪者や責任能力のない人々の犠牲になったと解釈されるよう、事を進めなければならない。

15. 我々の力を行使すれば、失業と飢えが作りだされ、大衆にのしかかる。そうすれば、確実な資本支配力が生じる。

16. フリーメーソンのブルー・ロッジ内部に大東社を組織して破壊活動を実行しながら、博愛主義の名のもとで、自らの活動の真の意味を隠す事は可能である。

17. 代理人は大衆受けのするスローガンを生み出せるよう訓練されなければならない。

18. 恐怖支配は、手っ取り早く大衆を服従させるもっとも安上がりな方法だ。

19. 全ての戦争のあとには、秘密外交が主張されなければならない。

20. 最終目標である世界政府に到達するためには、大規模の独占、莫大な富の蓄積が必要とされるだろう。

21. ゴイムからその不動産、産業を奪うため、重税と不当競争を組み合わせてゴイムの経済破綻《はたん》を引き起こさなければならない。

22. 最終的には、我々の運動に尽くす少数の金持ち、および我々の利益を守る警察と兵士と、プロレタリアートの大衆が残ればいい。

23. 世界統一政府のメンバーは独裁者によって任命され、科学者、経済学者、財政専門家、企業家、大金持ちの中から選出される。

24. 代理人はその誤りを我々が承知している理論、原則を教え込む事で、社会の若年層の精神を惑わせて腐敗させる目的で、あらゆる階級、あらゆるレベルの社会、政府に潜入しなければならない。

25．国家法および国際法を利用しつつ、ゴイムの文明を破壊しなければならない。

彼らは、マスコミを使って陰でアメリカ政策、特に外交政策を牛耳《ぎゅうじ》っている事から「ディープステート」（闇の支配層）と呼ばれています。

トランプ大統領は、闇の支配層と対立したために先の大統領選でバイデンによって追いやられましたが、かつて、ロスチャイルドは「通貨発行権さえ持っていれば誰が大統領になってもいい」と語っており、オバマ大統領が選挙に当選したときには、１０００億円ほど使ったと言われ、毎日のようにテレビＣＭを流してアメリカ国民を洗脳していたのです。

ようするに、アメリカも日本もお金による支配や洗脳工作が行われていて、その証拠にロスチャイルドと関係が深いフリーメーソンのメンバー達がアメリカや日本政府の中枢に大勢入っています。

アメリカの1ドル紙幣の裏にはメーソンの紋章が描かれているのは有名な話ですが、日本の千円札の野口英世《のぐちひでよ》もロックフェラー研究所で優秀な成績をおさめていて、1万円札の顔になっている福沢諭吉《ふくざわゆきち》も、フリーメーソンの宣教師である大学教師達をハーバード大学から日本に招いたり、ロックフェラーとも繋がっていました。

また、最近になって複数の専門家が、明治維新は実はフリーメーソン・イルミナティによる日本侵略（革命）、つまり、欧米列強による日本の植民地化が目的であったと指摘する声も増えてきましたが、それはもはや彼らの陰謀を隠し通せなくなったからでしょう。

薩摩や長州藩はイギリスの後ろ盾を得ており、坂本龍馬《さかもとりょうま》にしてもグラバーなどのフリーメーソンに絡め取られていたのですが、一般的には、龍馬はずっとヒーロー扱いされてきました。それは、彼をヒーロー扱いする事で、世の中をうまく洗脳するためです。

それだけでなく、明治維新後、日本人が肉食に傾いていった事も彼らの戦略で、その目的は日本人の弱体化です。

昔の日本人は、飛脚《ひきゃく》を見てもわかるように、肉を食べていなくても1日に何十キロも走れて、とても持久力があって健康体でした。

ところが、明治新政府が発表した「肉食奨励」政策によってすき焼き文化が入って来てから、急に走れなくなって、体力が落ちていきます。

農耕民族である日本人の食生活はそれまで穀物や野菜、魚が中心で、殺《せっ》生《しょう》をしない仏教の影響もあってほとんどの人が肉を食べませんでした。

それが、明治以降、急激に肉食文化に染まっていったわけですが、これが日本人の波動を下げている原因の一つです。

イルミナティの戦略によって骨抜きにされてしまった戦後の日本人

ようするに、明治以降の日本は、フリーメーソン・イルミナティの戦略によって食から全て変えられてしまったわけです（もちろん、そんな事は表には一切出ませんが）。

彼らの支配戦略は、子々孫々にいたるまで奴隷のように管理できるよう、じっくり時間をかけて陰で日本人を骨抜きにしていく戦略です。

イルミナティには「血の盟約《めいやく》」という言葉がありますが、これは話したり書いたりしてはいけない、バレたら殺すというものです。

つまり、一気にやると自分達が支配しようとしている事が明るみに出てしまうので、陰で政府を自分達の手足にしようと画策してきたわけです。

これは太平洋戦争時や戦後も続きました。

戦後においては、いわゆる「３Ｓ政策」と呼ばれるものがそれで、メディアを使ってスポーツ・スクリーン・セックスの３つのＳを解放する事で、政治に関心を向けさせないようにして、娯楽や芸能に浸らそうとする洗脳政策が行われたのです。

日本のテレビ局はこのために作られ、今もなおその戦略は功を奏しています。力道山のプロレスから始まって、テレビで野球の試合を見てうさを晴らしている人達、アイドルが大好きな人達、映画やゲームなどの２次元世界にはまっている人達が増え、今の若者が政治に無関心なのも、昔からそのように洗脳されてきたからです。

各テレビ局がそのような洗脳機関になったのは、アメリカの闇の支配層と繋がっている大株主や大手広告代理店の意向に逆らえず、ピラミッド式の力関係が働いているからです。

つまり、自分達の利益のために、絶対的な権力を持つ闇の支配層の意のままに動く子会社として自国民をだまし続けてきたという事です。

ＮＨＫにしても、番組を制作する子会社は大半が電通の関連会社で、ＮＨＫ職員の天下りを引き入れたりしている事から、全てが癒着《ゆちゃく》構造になっているのです。

また、韓流ブームにしても、金融・商社・広告・放送業界などの癒着によって仕掛けられ、その結果、韓国にお金が流れるようになっていて、日本人はその裏を知らずにブームに乗せられる形で搾取《さくしゅ》され続けています。

日本の企業家が韓国を推す理由は、平成８（１９９７）年、韓国が経済破綻により国際通貨基金（ＩＭＦ）によって救済を受けた事で、イルミナティ系の企業が次々と介入し、実質的にイルミナティ国家になっているからです。しかも、最近の日本のソフト会社は、ほとんど彼らの代理店と化しています。

もちろん、日本の政治家も同じ穴のムジナです。今コロナ禍で注目を浴びている東京都の小池百合子《こいけゆりこ》知事にしても、平成28（２０１６）年の就任直後は「身を切る改革」を表明し、自身の報酬を半額にしていたにもかかわらず、令和２（２０２０）年夏、満額となる約３５００万円の退職金（1期目）をちゃっかり受け取っています。

このような社会の裏の仕組みを知っておく事が、だまされないための第一歩です。

その点、最近はテレビを見ない人が増えている事はとても望ましい兆候でしょう。インターネット時代になって、日本人もやっと社会問題や政治に目を向けるようになり、ＹｏｕＴｕｂｅやＳＮＳを通して真実の情報を知る事ができるようになった事で、目醒めやすくなってきているからです。

多国籍企業と一般市民による「水戦争」が始まる⁉

闇の支配層は、メディアや金融以外にも、エネルギー資源や食糧による世界支配を目論んできました。

その筆頭が、世界の大手ゼネコンのベクテル社や世界の遺伝子組換えの食物を作っているモンサント社で、多国籍企業のベクテル社はＩＢＭの５倍規模の巨大企業です。

「ベクテルが関わる所は地震がある」と言われていて、阪神淡路大震災も彼らによる人工地震説が流れています。なぜなら、表向きは大きな橋を作るときなどに、あらかじめ地震装置を埋めておいて、あとで遠隔操作によって爆発させれば何の証拠も見つけられずに済むからです。

それだけではありません。ベクテル社は、世界各地の水道の利権も取りにいっています。有名なのは、「コチャバンバの水戦争」です。

ボリビア第３の都市であるコチャバンバの人口は、60年代頃から爆発的に増え始め、公営の水道事業では賄《まかな》いきれなくなったために、国はコチャバンバの水道サービスを民営化する事を決断。

そこで、世界銀行のテコ入れでベクテル社の子会社にコチャバンバの水道の経営権が託されました。すると、ベクテル社の子会社は水道サービス向上のためのダム建設を理由に法外な料金を徴収するようになり、市民の支払う水道料金は一気に倍以上に値上がりしました。

ベクテル社

そのため、水道を利用できない家庭が続出し、死者も出た事から、市民がデモやストライキを決行。数百万人のボリビア人がコチャバンバに集まり抗議し、デモによる死者９名、重傷者１００名を出す事態に陥ったのです。

結局、そのデモによって水道民営化は撤廃され、再び水道事業は元の公営サービスに戻されました。しかし、ベクテル社は、ボリビアでは雨水まで利権を取得していますから、決して油断はできません。

日本でも、水道の民営化が話題になっていますが、民営化されれば必ず料金がはね上がり、今までのようにどの家庭にも水が安定供給されるとは限りません。

長野のある地方では、フランスの水道会社が利権を手に入れようとしているそうです。もし海外の会社に利権を取られたら、その地域の水道料金がはね上がり、一度料金が上がれば元には戻せなくなるでしょう。

フランス系の多国籍企業は2社あって、5大陸約120カ国の水関連会社を所有あるいは管理し、約1億人の水供給を支配していると言われています。

水と同様に、食糧や農作物なども多国籍企業によって支配・コントロールされています。

その代表がモンサント社で、映画『モンサントの不自然な食べもの』はその実態を知らしめようと、世界の遺伝子組換え作物市場の90％を誇るグローバル企業の、クリーンなイメージに隠された裏の姿を暴いています。

遺伝子組換え作物から、過去に発売された枯葉剤、農薬、ＰＣＢ、牛成長ホルモン。１世紀にわたるモンサント社のヴェールに包まれた歴史を、貴重な証言や機密文書によって検証したこの映画を観るだけでも、きっと驚かされる事でしょう。

ちなみに、遺伝子組換えを推進しているのはパパブッシュで、モンサントの下にある子会社はみんな傭兵部隊です。この傭兵部隊は国連の監視下にある軍隊とは異なりやりたい放題で、法に触れるギリギリの戦闘を陰で行っています。

水を燃料にして走るエコカーが実用化されない本当の理由

世界のエネルギー資源を支配する上で、多国籍企業が最も重視してきたのが「石油」です。

石油利権といえば、かつて田中角栄《たなかかくえい》が石油を中国から買った方が安価に収まるという事で動いたところ、アメリカのキッシンジャー（元国務長官）の逆鱗《げきりん》に触れてロッキード事件で嵌《は》められて、失脚させられました。

それくらいアメリカは石油利権に固執しているわけですが、もはや車はガソリンで走る時代から見直しが始まり、すでに30年前に水を燃料にして走る車の技術が開発されています。

水を燃料にできる車が実用化されれば、もちろん安価でエコです。にもかかわらず、水素燃料電池車両（ＦＣＶ）の実用化はまだまだ先送りされる見通しで、それはそうなると今までのようにガソリンが売れなくなるからです。

電気も同じで、火力発電の場合、燃料は石炭・石油です。そのため、電気供給も石油会社に依存した構造が作られていて、結局、消費者は、電気を得るために石油会社にお金を払っている事になるのです。

しかも、今私達が使っている電気は、送電線を使わなくてはいけないので、その分、費用が電気料に上乗せされています。

ニコラ・テスラ

しかし、30年以上前に、ニコラ・テスラという無線の発電機を発明した天才科学者がいたのです。テスラは、無線による送電システムと情報の伝達システムを「世界システム」と名付け、地球の電離層《でんりそう》を媒介としてエネルギーを無駄なく地球全体に送る事を考えていました。

ところが、最初はテスラに資金援助をしていたアメリカの5大財閥の一つであるモルガンが、無線送電は契約違反だと言ってテスラを切り捨て、その後、テスラ研究所は何者かによって火を放たれて資料が持ち逃げされ、テスラ自身も謎の死を遂げています。

その結果、世界中で送電線（直流電気）が使われるようになったわけですが、交流電気を発明したテスラは、明らかに宇宙人からのメッセージを受け取っていたと思います。

9・11事件は石油利権を得るためのアメリカ政府による自作自演

２００１年、ニューヨークで起きた「９・11事件」（いわゆる同時多発テロ事件）にしても、犠牲になった方達には申し訳ありませんが、闇の支配層による自作自演です。

９・11事件については、その後、いろんな事実が明るみになってきていますが、そもそも世界貿易センタービルは、過去に航空機が激突して壊れたビルがあった事から、同様な事があっても倒壊しないような構造になっていました。

ところが、表向きには、突っ込んだ航空機の衝撃で崩壊した事になっています。しかし、激突したはずの旅客機の部品が少なすぎる、驚くほどの速いスピードで崩壊していった、事前に爆発物が仕掛けられていた、など数多くの疑問が噴出しています。

そのため、「あれはどう見てもビル解体のプロの仕業だ」との専門家の声もあり、さらに、事件直後にニューヨークの株価が下落した事で、一部の人間がテロ発生を事前に察知していた事がうかがえます。

また、当日、ある企業では「役員は全て休め」という指令があって、末端の社員しか出社しておらず、その人達だけが犠牲になっている点も不可解です。

さらに奇妙なのは、なぜかセンタービルの所有者が6週間前に代わっており、スイスで巨額の保険をかけていたので、ビルが崩壊しても本人の懐は一切痛まなかったのです。そして、その保険金でまるまる1棟、新しいビルを建てたのでしょう。

9・11事件をきっかけに、中東での石油利権を得るための「無制限戦争計画」を主張していたブッシュ政権は、直ちにフセイン大統領の追放と対イラク戦争を決定しています。

ところが、いざイラクに戦争をけしかけてみたものの、戦争を始める根拠としていた「大量破壊兵器」はどこにもなく、フセイン政権は倒れたものの、戦後処理は進まず、過激派との戦闘やテロは一向におさまっていません。

結局、アメリカはロシアと共に両国および外国での石油、天然ガスなどの開発で協力関係を築く事で合意し、将来はイラクの油田開発もその対象にするつもりでしょう。

ようするに、9・11事件は、中東での石油利権を得るためにイラク戦争を引き起こす理由を作るためのブッシュ政権の自作自演——この事に気づいた人達が、のちにトランプ大統領を支持したのではないかと言われています。

そして、アメリカでは、9・11の黒幕はジョン・ロックフェラーではないかと言われています。それを暴露したのは、エディ・マーフィー主演の『大逆転』という映画を作ったアーロン・ルッソ監督です。しかし、その監督はその後殺されたために、監督の弁護士がその経緯を告白してしまいます。

それによると、監督の弁護士に「こちら側に来ないか」とある組織から連絡がきたらしく、「こちらにきたら飲酒運転で捕まっても全部ＯＫ、こちら側に来られるのはあなたが優秀だから」と持ち上げられたそうです。

そのうえで、「今から９・11事件が起こり、それをかわきりに中東に石油を取りに行く戦争が起こって…」という話を聞かされ、監督はその話を公表してしまった。だから、がんになり殺されたのです。

闇の支配層は、大手通信会社やゲーム会社などとも連携しながら、あらゆる個人情報を手に入れて、自分達の利益誘導のために使っています。

ロスチャイルド・イルミナティ勢力にからめ取られた東インド会社

闇の支配層の背後には爬虫類型宇宙人（レプティリアン）がいて、人間との間にハイブリッドを作って地球人を支配・コントロールしているわけですが、彼らは血液型でいうとＲＨマイナスという青い血液を持つと言われていて、これは基本的に宇宙人の血です。

それはロスチャイルドをはじめイギリス人に多く存在し、彼らは、昔からいろんな宗教団体に対しても陰で影響力を行使しながら上手にコントロールしてきました。

そのロスチャイルドが、イングランド銀行に多大な影響を及ぼすようになったのは、１７７６年のイルミナティ設立以後で、ナポレオン戦争の混乱に乗じて一気に成り上がっていきました。

そしてその後、イングランド銀行をモデルに世界中に中央銀行が創設され、お金（通貨）による大衆支配のレールを広げていったのです。

一方、世界で最初に株式を発行したのは、17世紀の初めにオランダ人が

「東インド会社」を設立したときです。

当初は、貴族と大商人の連合体だった東インド会社は、私有財産制と株式を発行した事で、イングランド銀行と同じようにロスチャイルド・イルミナティ勢力に取り込まれる事になります。

これは、株式を所有してトップをすげ替え、社員を洗脳しながら傘下におさめていくやり方です。創業者は「お客様のため」をモットーとしていたのに、その社長を交代させて、新しく就任した社長が「お客様のためもいいけど、社員の皆さんも豊かになりましょう」と言えば、社員もそのように流されていく、つまり、トップをおさえる事でその会社全体を乗っ取っていくわけです。

自分で会社を興して業績を上げるよりも、優良企業を株で買い取ったほうが効率が良い、というわけで、このやり方が現在のグローバル資本主義の定石《じょうせき》になっています。

ロスチャイルド・イルミナティ勢力による東インド会社は、こうして株式による支配力をどんどん強めていきました。

ちなみに、英国の諜報《ちょうほう》機関ＭＩ６の元諜報員だったジョン・コールマン博士によると、西側の最高上層部は「三百人委員会」であり、その起源は東インド会社の経営委員会であると述べています。

陰の支配層にとっては株式相場の操作も常套手段

闇の支配層にとっては、株式相場の操作も常套《じょうとう》手段で、「平成23（２０１１）年の３・11（東日本大震災）は人工地震だった」と言われるのも、株式相場におかしな動きがあったからです。

震災が起きる前に、なぜか防災関係や〇〇ハウスなどの建築関係の株が急にはね上がったのですが、それはどこからか情報が漏れていたという事です。

実際、震災後に、鉱業、建設業、金属製品の株が上昇していて、震災で大儲けした人達がいたのは間違いなく、この事は今回の新型コロナ騒動でも同じだと思います。

今回のようなパンデミックが起きるとどこが儲かるのか？　いうまでもなく、それは製薬会社です。ワクチンを開発して大量に世界中にばら撒けば膨大《ぼうだい》な利益を手に入れられるからです。

仮に世界で1億人がコロナに罹《かか》ったとして、一人1万円のワクチン費用がかかれば、そのビジネスだけでも1兆円のビジネスです。しかも、安全性や有効性は不確かなまま、遺伝子組換えたんぱくワクチンによる人体実験が行われようとしています。

以前からグローバル企業を相手に、アフリカなどの発展途上国でワクチンによる被害を受けた多くの女性や子ども達の訴訟に関わってきたロバート・F・ケネディJr.は、WHOとビルゲイツ財団、製薬会社の関係を暴露しています。今回の新型コロナに関しても、ビル・ゲイツがウイルスやワクチンに非常に関心を持っていた事を指して、暗にこの騒動が計画されていたものだという事をほのめかしています。

このようなパンデミックは、過去にも１７２０年ペスト（黒死病）、１８２０年コレラ、１９１８年スペイン風邪、そして令和２（２０２０）年のコロナと、繰り返し周期的に起こっています。

ロバート・ケネディJr.は、こうした背景には、数字の捏造《ねつぞう》によってパンデミックを意図的に広げてきた勢力がいるのではないかとし、政治家が人々を奴隷化できる唯一の方法は人々を恐怖に陥れる事だと述べています。

確かに、多くの人々が恐怖におののく対象を作り出せば、それを利用して大衆を支配コントロールする事が難なくできるでしょう。まさに、それを行ってきたのが闇の政府なのです。

こうした社会の裏の仕組みを知ったうえで、日本人が目醒めるために大事な事は、第一にマスコミの流す情報は決して鵜呑《うの》みにしない事です。

そして、ロスチャイルドやロックフェラーがどんな事をやってきたのかをよく知ったうえで、国民にとって一番重要なのは、お金で闇の政府から支配されないためにも、通貨発行権を日銀ではなく、国、つまり私達自身の手に戻す事です。

第3章

闇の支配層の陰謀と宇宙の真実

イルミナティによる支配は約3万年前から始まっていた

前章で述べたように、世界を陰で操る闇の支配層（ディープステート）の中心にはイルミナティという秘密結社があり、彼らによる人類の支配は、なんと2万5920年前から始まっています。

そもそも、イルミナティは悪い宇宙人が作った組織で、彼らはそのレプティリアンの計画通りに事を起こしてきたからです。

その点に関しては、高山長房さんがご著書『人類への警告3 ドラコニアンvsレプティリアン これが《吸血と食人》の超絶生態だ！』（ヒカルランド、2013年）の中でも詳しく述べています。

高山さんは、第59代宇多天皇《うだてんのう》家35世代、第123代大正天皇家扶桑会《ふそうかい》総裁、国際政治経済文化研究会会長等々の肩書を持つ方です。

それによると、恐竜系の地球人＝ドラコニアン直系の日本人は、レプティリアン・イルミナティによって人口削減される、そのために、ケムトレイル（航空機から散布される有害な人工物質）、ウイルス、化学兵器その他の人口削減兵器が使われているというのです。

このレプティリアンの計画書を着実に実行に移してきたのがイルミナティです。つまり、全ての人類を自分達がコントロールするために、まず人間をたくさん増やしておいて、人間がせっせと働いて稼いだお金を搾取《さくしゅ》できる回収システムを作り、今度は、ムダな人口（家畜達）を減らす計画です。

イルミナティという意味は、「光輝くもの」という意味ですが、それは神などの神聖なものではなく、その光とはルシファーと呼ばれている堕天使、つまり悪魔の事です。つまり、悪魔崇拝教をよみがえらせようとして

いるのが現代のイルミナティです。

イルミナティが力をつけたのは、フランス革命時にロスチャイルドが爆発的に資産を得たのですが、そのときにイルミナティも投資で儲けたのです。

戦争は投資ですから、勝利したおかげで爆発的な資産を得て銀行を買うようになり、世界支配を着実に実行に移していきました。

これも有名な話ですが、日本は日露戦争の時にロックフェラーに借金をお願いし、その結果、ロシアに勝つ事ができたのです。ロックフェラーはこの頃から有名な金貸しとして知られるようになり、同時に戦争で儲ける「死の商人」とも呼ばれるようになりました。

こうした悪魔崇拝のロスチャイルド・イルミナティ系の人達は、自分達は宇宙人の血が入っているスーパー人間だと自負し、人間を家畜のように思っているので、いくら人間が死んでも何とも思わないのです。

というより、家畜である人類を自分達がちゃんとコントロールするために、増えすぎた家畜達を積極的に減らしていこうというのが彼らの論理です。

アメリカに「ジョージア・ガイドストーン」という花崗岩によるモニュメントがあります。そこには日本語以外の8カ国語（英語、ロシア語、スペイン語、中国語、アラビア語、ヘブライ語、ヒンディー語、スワヒリ語）で、人口削減画策の元といわれる記述があります。

英語・中国語のガイドラインからの和訳は次のとおりです。

1. 大自然と永遠に共存し、人類は5億人以下を維持する
2. 健康性と多様性の向上で、再産を知性のうちに導く
3. 新しい生きた言葉で人類を団結させる
4. 熱情・信仰・伝統・そして万物を、沈着なる理性で統制する
5. 公正な法律と正義の法廷で、人々と国家を保護する
6. 外部との紛争は世界法廷が解決するよう、総ての国家を内部から規定する
7. 狭量な法律や無駄な役人を廃す
8. 社会的義務で個人的権利の平衡をとる
9. 無限の調和を求める真・美・愛を賛える

10. 地球の癌にならない―自然の為の余地を残すこと―自然の為の余地を残す

闇の支配層は地球の人口を5億人まで減らそうと画策している

つまり、人類の人口は70億人ではなくて5億人が望ましいと書いている。彼らは、環境保護を名目に、「地球をクリーンにしてあげたいから世界人口は5億人に留めて、あとは死んだほうがいい」と真剣に思っているのです。

だから、化学物質や電磁波を大量に浴びさせて大衆を病気にしたり、ケムトレイルを使って人体に危害を加える事が平気でできるのです。

ケムトレイルは、航空機から散布され、通常の飛行機雲のように直ぐに消えず長く滞留しています。内部告発によってその正体が明らかになったのですが、散布される煙の中には重金属が混ざっていて、それを吸い込んでいると動脈瘤《どうみゃくりゅう》、心臓麻痺、がんなどのリスクを高める事がわかっています。

重金属はいろんなものに混入されていて、歯の詰め物（アマルガム使用の銀歯）などにも入っています。子ども向けにどんどん甘いものを与えて虫歯を作っておいて、「そこに歯銀を埋めてやれ」とアマルガムを入れる。

そうすると、銀は電波を受信しやすいため、より有害な電波の影響を受けるようになって、うつ病や電磁波過敏症になる。

そこでまた精神安定剤を投与する、そうして心身ともに病んでいき、やがて病死か自殺で命を失う。これが巧妙な彼らのやり方です。

何としても人口を削減しなければならないと思っている彼らは、戦争だけではなく、どうしたら平時に人口削減ができるかをずっと考えているわけで、当然ながら、未知のウイルスをばらまく事もお手のものです。

今回の新型コロナに限らず、過去、周期的に何度もパンデミックが起きているのも、決して偶然でもないし、まして自然発生的なものでもないという事です。

さらに、彼らは気象を操る装置も作っていて、一般の人にはわからないような形で台風や人工地震などを度々起こしています。もちろん、目的は人口削減とそれによって結果的に自分達が利益を得るためです。

最近、よく「史上最大の台風」「１００年に一度の大地震」などと言われますが、そんな大きな災害に見舞われるのは、外交問題がこじれているときです。ようするに、闇の政府の命令を聞かないときに相手国に対して台風や地震を起こして自分達の意向に従わせるのです。

また、彼らは、見えない世界の事もよく研究していて、スピリチュアルな分野にも精通しています。

何しろ3万年近く前から、宇宙人の技術や霊能力を高める方法などをマスターしているので、例えば、数秘（カバラ）や神聖幾何学などを駆使して、数字による暗号をよく用います。

例えば、9・11、3・11などが起きた日、これは神の数字が10でそのゴッドを超えるという意味で11を使うわけです。全部その数字に則って計画通りに行う事で、自分達の力を見せつけるのです。

巨大軍艦を透明化する「フィラデルフィア実験」の驚くべき結果とは？

気象をコントロールする装置は、そもそもニコラ・テスラが発明したものです。

モルガンに切り捨てられたテスラは、気象コントロールや殺人光線の研究する中で、のちに「テスラ・コイル」と呼ばれる高周波・高電圧を発生させる共振変圧器を発明します。

このテスラ・コイルは、通常は空気中に電気は流れないのが、このコイルを使うと空気の温度が急激に上昇し、急膨張する事によって稲妻のような激しい音が発生します。

これは、電気の通り道の空気がとても高熱になるためです。そのため、のちの研究者達は、テスラ・コイルは無尽蔵《むじんぞう》にエネルギーが得られるフリーエネルギー装置に繋がるのではないかと大きな期待を寄せましたが、「フィラデルフィア実験」によって、その熱が一気に冷まされました。

フィラデルフィア実験とは、１９４３年にアメリカのペンシルバニア州フィラデルフィアの海軍で行われた、巨大軍艦を「レーダーに写らなくさせる」という前代未聞の極秘実験で、この実験の総指揮をとったのがテスラです。

それまで、無人船による数々の透明化実験を経て行われたその実験では、実験に使われた軍艦エルドリッジ号は、乗員を乗せたまま470キロの距離を瞬間移動したものの、乗員にはとてもおぞましい悲劇がもたらされたのです。

実権の結果は、だれもが想像しえなかった異常な現象と、そして取り返しのつかない悲劇をもたらしました。

強力な磁場をエルドリッジ号の周りに発生させたところ、奇妙な緑色の霧のようなものが湧き出し、その霧に軍艦が完全に覆われた瞬間、それを見守るスタッフの前から突如軍艦が消えたのです。

ところが、強い磁場に包まれた乗員は透明化し、姿が見えなくなりました。不安に苛《さいな》まれた乗員が見た光景は、フィラデルフィアの海軍工廠《こうしょう》ではなく、はるか470キロ離れたバージニア州ノーフォーク軍港に変わっていたのです。

しかも、驚くべき事に、乗員のある者は全身を炎に焼かれ、ある者は凍りつき、また完全に身体が消滅していたり、鋼鉄のデッキに溶け込んで船と一体化していました。そのあげく、16名が死亡し、乗員の大半は精神錯乱をきたしたのです。

この悲劇に震撼《しんかん》した海軍上層部は、実験の継続を断念し、その詳細は一旦封印されたものの、１９５０年代から暴露され始め、テレポテーションやタイムマシンの関連でニコラ・テスラに再び熱い注目が集まるようになりました。

ただし、前述の内容は公開されている表向きの情報ですが、実は「フィラデルフィア実験」は成功したと言われています。

１９６０年代からは、ＣＩＡ（米中央情報局）とＤＡＲＰＡ（米国防高等研究計画局）によって行われていたと噂されているアメリカの極秘プロジェクト「ペガサス計画」では、すでにタイムトラベルとテレポテーションの実験が行われていたようです。

２００８年には、その実験に参加していた環境生態学者であり弁護士のアンドリュー・バシアゴが、テスラが開発したタイムポータルで、実際にタイムトラベルをしていた事や、同技術を用いて月や火星に瞬間移動していたと暴露しています。

また、ハープと呼ばれるアメリカの気象兵器も、このテスラの研究をベースにしていますが、テスラが開発した技術を使えば、３時間で火星に行けるようです。

火星には2種類の宇宙人がいるが、地球人にとっては地獄のような場所

タイムマシンと言えば、２０００年前後にネット上で、２０３８年から

やって来たというジョン・タイターという人物がいました。

彼は、「２０３８年にはアメリカが内戦になっていて、それを阻止するためにやって来た」と言っていましたが、ジョン・タイターが存在した未来と現在のタイムライン上の未来はすでに変わっているはずです。

他にも、未来から来たと名乗っている人達がいますが、所々に本当の真実を混ぜているようです。

闇の政府側も、彼らは世界一優秀な探偵のような存在で、ネットワークを駆使して本物かどうかをリサーチしているはずです。

もちろん、宇宙人と同じように、未来人もいろんな存在が地球人に接触をしていて、中には虚偽の情報もあると思いますが、ジョン・タイターは本物である感じがします。

いずれにしても、人類は30年くらい前から火星に行っているのは確かです。それは、キャプテン・ケイと名乗る退役海兵隊員が証言していて、彼は17年間、火星に作られた軍事基地に配属されていたと言っています。

彼の任務は「地球防衛軍」という多国間組織によるもので、火星には2種類の生物が存在していたそうです。1種類は爬虫類型、もう1種類は昆虫型の生物で、共に高度な知性を持っている。

そして、自身のテリトリーを守る事には懸命だが、自分達のテリトリー広げようという意欲はなく、当初は地球人側に対してむやみに攻撃を仕掛けてくるような動きは見られなかった。

ところが、火星防衛隊が火星人の聖地（洞窟）から彼らの遺物を奪ったために紛争が勃発。１０００人の地球人軍人が死亡し、生き残ったのはケイを含めわずか28名だった、という事です。

ケイは現在、自身の経験を裏付ける証拠となる文書類を探しているそうですが、地球人が火星に住めるかといえば、地球人にとっては地獄のような世界なので、とうてい無理でしょう。

今、火星の映像だと言ってＮＡＳＡなどが流しているのは、実は火星の映像ではなくて、グリーンランドです。つまり、まったくの捏造《ねつぞう》で、おぞましい火星の真実を隠蔽《いんぺい》しているのです。

火星移住計画を主催しているオランダの民間非営利団体マーズワンは、２万人の応募者から選抜された１００人の男女「Ｍａｒｓ １００」を発表したそうですが、たぶんこれからはこんな風なＣＭを流れてくるでしょう。

「今から地球で仕事がありますか？　結婚できますか？　家庭が持てますか？　火星は全部そろっています」と。

なぜなら、マーズワンはイルミナティ系で、爬虫類型の宇宙人と繋がっているために、彼らの労働力として人間を送り込もうとしているからです。

それに引っかかって火星に行っても、火星には地球のような法がないため、人間は食べられるか労働の奴隷として働かされるかのどちらかでしょう。「あなたも宇宙旅行ができます」などというのはとても危険な罠で、そんな呼びかけには要注意です。

月はレプティリアンが地球人を監視するための基地だった

さらに、宇宙に関する真実をもう一つお伝えしておきましょう。

それは「月はレプティリアンが設置した監視衛星」だという事です。

月は大昔からあったわけではなくて、レプティリアンが地球を監視するために持ってきた監視基地です。

月の中は空洞になっていて、地球を監視するためにずっと同じ方向を向いていています。実際に、月に連れ去られ、レプティリアンに暴行され続けたという証言をしているアメリカ空軍で働いていた女性もいます。

そもそも、アポロ20号は、月面に宇宙人の遺跡がある事を突き止めたアメリカが、月に残された宇宙人の技術を取得するのが目的だったわけで、それ以来、宇宙開発は進んでいるにもかかわらず月探査をしなくなったのは、そのあたりに理由があるのでしょう。

ちなみに、この辺りの情報に関しては、コンタクティのアレックス・コリアーが動画で詳しい情報を発信しています。

彼は30年前にアンドロメダ星人に会った事があるそうで、その当時からグレイやレプティリアンの話をしており、地球人への警告のメッセージをまとめています。

コリアーは、ゼネテ星系に住む良い宇宙人からテレパシーで情報を受信しているそうで、月は巨大な宇宙船で、レプティリアン、ヒト・レプティリアンの混血、初代人類を乗せて数百万年前に地球にやってきた事や、月は空洞であり、表面にはいくつか秘密の入り口が存在していて、月面の地下に金属製のシェルターがある事も確認したそうです。

また、11万3000年前に大戦争が起きて、月内部に設けられた古代基地にはその時の宇宙人の遺体が残されていて、現在、その基地はシークレットガバメント（闇の政府）が制圧し、宇宙人と共同作業を行っていると語っています。

第4章

高次元の宇宙人と5％の覚醒者

良い宇宙人からのメッセージは愛に関する言葉が多い

僕がテレパシーでコンタクトしているのは、爬虫類型の悪いレプティリアンではない、高次元の良い宇宙人です。

高次元の宇宙人が地球人にメッセージを送る理由は、地球人は肉体を持っているため、宇宙人の波長とは違って、どうしても次元が落ちてしまうからです。

つまり、人間は身体があるために上の次元にアクセスしにくいので、3次元よりも上の次元から私達のほうにメッセージを降ろす形になるのです。

メッセージを送ってくる存在の中には、太陽の中に住んでいる宇宙人もいます。彼らは完璧なエネルギー体で、太陽の中から愛やエネルギーを地球人に送ってくれています。

彼らは、勝手に3次元世界に干渉することを許されていないので、何らかのメッセージとして降ろす事しかできません。

よくみられる例は、愛に関するメッセージなどで、それを人気のあるアーティストや影響力ある人に歌詞として降ろす事で、一般の人達に浸透させている事です。

宇宙では、次元の高い存在は次元が低い存在が自立成長できるように、陰ながら支援をする事がルールです。小さな子どもがハイハイしているのを、勝手に手を出して立たせてはいけない、自分で立ち上がるのを促すというようなイメージです。

高次元の宇宙人による地球支援の一つに、「ウォーク・イン」という形があります。

これは、地球にグレイなどの悪い宇宙人が来訪しているので、地球人が自力で次元上昇をするのが難しいために、金星やプレアデス星からの生まれ変わりの魂が地球に送られる事です。

つまり、宇宙人としての魂を持ったまま人間の身体に入っているのがウォーク・インで、僕自身もその一人です。

イエス・キリストも金星から来訪していると思いますが、後世の人間がイエスの教えを曲解したり、闇の政府の介入によって、今のキリスト教は本来の原始キリスト教とは大きく異なっています。

いずれにしても、今は高次元の魂達がたくさん地球に来訪し、人間の中から地球を上げていきましょうという事です。

特に、最近の若い世代に感受性が鋭い人達が多いのは、高次元から来ている証拠で、「インディゴチルドレン」と呼ばれる人達は、世の中を良くするための高い意識の人達。「クリスタルチルドレン」は、初めから守護霊が見えているようなタイプで、僕のお客さんの子どもにも少なからずいます。

そのようなタイプは、地球にいる宇宙人の姿も見えるようで、電車に乗っていたら、鱗《うろこ》がある爬虫類型が人間に化けているのがわかり、ジロっと見ていると「何を見てるんだ！」と怒られたりする事もあるそうです。

高次元の宇宙人が乗っているＵＦＯを目撃する場合、それはまだその人が目醒めていない時に見させられる事が多いです。「早く宇宙の真実に目醒めたほうがいいよ」と。

もちろん、ＵＦＯ自体はいつでも姿を消したりまた見せたりする事ができ、ＵＦＯが姿を見せるときは目醒めなさいというサインで、特に最近、頻繁にＵＦＯが目撃されるようになったのは、まだ目醒めてない人が多いからです。

僕が最初に愛に目醒めたときの瞬間があるのですが、その時に空を見たら、空全体にＵＦＯがしき詰められていて、空を覆いつくしていました。

そして、その中の1台が私の上まで寄って来て、スーッと窓が開いて「見えるんですか？」と聞いてきました。

私が「見えます」と伝えたら、エネルギーを送ってくれて、またスーッとどっかに消えてしまいました。

たぶん、かつて僕がいたプレアデス系の宇宙人だと思いますが、そんなふうに彼らはいつでも普通にその辺にいるのです。

ただし、彼らとコンタクトするためには、波動を高めておく必要があって、そのためには普段からできるだけ波動の高いものを食べるように心がける事です。

「水道の水は飲めない」と言っていた大本の教祖・出口王仁三郎

先日、縄文遺跡のある福島県岩瀬郡の天栄村《てんえいむら》に行ってよくわかったのですが、昔の人が鬼の姿やＵＦＯを頻繁に見ていたのは、毎日波動が高い水や農作物を食べていて、それで自分の波動も高まって通常は見えないものも見えていたからです。

天栄村の水はとても波動が高かったのですが、そこから東京に戻って来て、市販の飲料水を飲んだところ、何もエネルギーが入っていないどころか、「なんだこの水は⁉」と驚きました。死んでいる水のように感じて飲めなかったのです。

日本で最高の霊能力者と言われる大本《おおもと》の教祖、出口王仁三郎《でぐちおにさぶろう》は、「水道の水は飲めない」と言っていましたが、その意味がよくわかりました。

波動の高い米やエネルギーがたくさん入っている野菜を食べていると、

出口王仁三郎

どんどん波動が上がってきます。

そうすると、昔の人のように、徐々に覚醒してきて自然や宇宙と一体化し、UFOや精霊のようなものも当たり前に見えてきます。

もちろん、それは昔の日本に限らず、ホピ族やマヤ族など古代から宇宙人と交信していた先住民達も同じです。

なので、目醒めるためには、昔の日本人が食べていたような自然で新鮮な食べ物、エネルギー、波動が高いものを取り入れる事が大事で、自分の波動が低いとそれだけ目醒めにくくなってしまいます。

そのためには、エネルギー資源にしても、食糧にしても、健康にしてもウソの情報に騙されないために、世の中の裏の仕組みをよく知ったうえで、自分で情報の取捨選択《しゅしゃせんたく》をしていく事が大事です。

健康といえば、30年ほど前に特殊な振動を使ってがんを治す機器を作った人がいましたが、結局、それは世に出る事はありませんでした。

その機器は、正常な細胞はそのままでがん細胞だけ消す事ができるので、末期がんでも１００％全て治ると言われていました。

それをある企業が安く売って欲しいと売買をもちかけ、開発者がそれに応じなかったために殺されてしまったのです。

このがんを治す機器だけでなく、全ての良いものは闇の政府側が目をつけて安く買い取ろうとし、それに応じなければニコラ・テスラのように殺されるか、闇に葬《ほうむ》られるかです。

神話に出てくる神々はほとんどが良い宇宙人

人類の目醒めを阻止しようとしている、悪い爬虫類型レプティリアンに対して、反対に人類の目醒めを促すためにサポートをしてくれているのが高次元の良い宇宙人で、彼らが昔の神話に登場する神々です。

彼らは、地球人が悪いレプティリアンの影響を受けて波動を下げないように、様々な神様の名前を使って、良い人を増やしていくためのメッセージを降ろしてくれています。

基本的に、神話に出てくる神様はほぼ宇宙人で、『古事記』に登場する神様は、シリウスとか金星系の宇宙人が多く、イエス・キリストは金星から来ています。

例えば、須佐之男命《スサノオノミコト》はゼウスと同一人物で良い宇宙人で、須佐之男命が八岐大蛇《ヤマタノオロチ》を倒したというのは、良い宇宙人がレプティリアン（蛇）を倒したという出来事の譬《たと》え話です。

天照大御神《アマテラスオオミカミ》は、僕と同じプレアデス出身です。また、伊邪那岐神《イザナギノカミ》、伊邪那美神《イザナミノカミ》の子どもである迦具土神《カグツチ》も、レプティリアンではなく、高次元の良い宇宙人です。

プレアデスとシリウスは、両方ともポジティブな星で、意志が強いのが特徴です。それに対して、レプティリアンは奪う精神が強く、縄張り争いが絶えません。

だから、レプティリアンの一種である八岐大蛇も人の命を奪い取る蛇だったわけで、エジプトの壁画に描かれている生贄《いけにえ》なども、同じレプティリアンによるしわざです。

月読尊《ツクヨミノミコト》は、月を神格化した神様だという解釈もあるようですが、爬虫類型レプティリアンとは関係ないと思います。

ガルーダ

迦楼羅

また、天皇家（皇室）は「宇宙人の子孫」とも言われていますが、良い方のレプティリアンだと思います。

レプティリアンが一概に悪いわけではなくて、レプティリアンにも悪い宇宙人もいれば、良い宇宙人もいて、悪いタイプが多いだけです。

僕が伊勢神宮に行った時には、天照大御神は内宮の正宮の奥にいるように感じました。

ちなみに、僕が遭遇した宇宙人の中に、インド神話で蛇を食う鳥の王「ガルーダ」という神様がいます。

日本では迦楼羅天《かるらてん》と言いますが、昔のインドの像と直接私が見た姿はそれとほとんど同じでした。本当に鎧《よろい》を着て、白い羽が生えていて、胸には菊のような紋章があり、日本で描かれた絵ともほとんど同一人物です。

もともと波動が高かった神社仏閣の波動が落ちてきた理由

ちまたでは「皇室もイルミナティの闇のメンバーだ」などという話がありますが、僕はそれは違うと感じています。

もし、皇室がイルミナティの闇のメンバーだったら、同じ仲間に対してあからさまに攻撃はしないでしょう。日本が彼らに攻撃され続けているという事は、日本の皇室だけはまだイルミナティの闇に汚染されてない、軍門に下っていない証拠です。

反天皇（皇室）の人達は、「神社も参拝してはいけない」などと言っているようですが、僕は神社には参拝するべきだと思います。

日本人は、昔から自然信仰や学習意欲が強く、そのため神社・仏閣の数もとても多くて、だからこそ自然と共生する暮らしを永く続けて来られたわけです。

それが、戦後の３Ｓ政策などによって、物質的な欲望に目をくらまされて、自然信仰や精神性が堕落《だらく》させられてきたのです。なので、１００年前と比べて、明らかに神社仏閣に行く人は減っているでしょう。

つまり、元々神社仏閣がとても波動の良い場所だったから、そこが狙われたのです。

昔は感謝を捧げにいく場所だったのに、今はパワースポットなどと呼ばれて個人的なお願いをしにいく場所のようになってしまい、波動を悪くしています。

本当は感謝する場なのに、大勢の人達が欲望にかられてかえって汚しに行っている、日本人はそこに気づかないといけません。

先ほど述べたように、僕が福島県の天栄村に行ってわかったように、その土地の波動の良し悪しは、水とそこに住んでいる人達の意識によって大きく変わるという事です。

まず、清らかな水、良い波動の水があれば、その水から作られたお米を食べていれば、波動がどんどん高まってくる、高次元の宇宙人は、そのような清い場所に降りてきます。

昔の人達は、そこに鳥居を作り、感謝を捧げていたのです。もちろん、当時は宇宙人とは知らずに神様として崇《あが》めていたわけですが。

そのような氣が良いところには、霊感の強い人が多く住んでいて、住民達も神様に感謝する事を忘れていないので、高次元と3次元のエネルギー循環がとても上手くいっづています。

高次元からすると、この世の人間に感謝される事によってエネルギーが得られ、また人間側も高次元の恩恵にあずかれて、双方のエネルギー循環がうまく回っていくからです。

それなのに、感謝もせず、ただ「あれが欲しい」「これが欲しい」「これを叶えて！」とおねだりばかりしていると、神様も引っ込んでしまって、土地の波動（氣）も下がってしまいます。

神社仏閣が元々自然信仰の場所だったのに対して、キリスト教のカトリックや日本の新興宗教などは、初めは良かったのが、イルミナティが介入していったために時代と共におかしくなっていきました。

彼らの目的は、少しずつ変えていって、人間を神様から遠ざける事です。一気に変えるとバレるので、少しずつ悪魔崇拝や物質信仰のほうに引きずり込んでいくのです。

誰もが愛そのものになればイルミナティはその場にいられなくなる

日本人は元来、信仰心が強くて、特別な民族であるという事は間違いありません。出口王仁三郎も語っていたように、「日本は世界のひな型」なので、まず日本人が目醒めれば、世界の見本になれるのです。

とは言っても、悪いレプティリアンの手先であるイルミナティと正面切って戦うわけではなくて、愛で勝てばいいのです。

誰もが愛そのものになれば、彼らはその次元にはいられなくなります。彼らは低次元にいるからこそ悪さができるし、その意味で、物質社会においては最強なのです。

意識が４次元、５次元、６次元と上昇すると、身体そのものがなくなっていきます。そうすると、彼らは３次元から移動できないので、波長があわなくなって、結果的に彼らの影響は及ばなくなります。

逆に言えば、だからこそ、彼らは人類を家畜のままコントロールし続けてきたのです。「見えるもの、聞こえるものだけが真実だよ」と、見えない世界は全て悪魔だとか非科学的と退けて、マスコミや教育を使って人々を洗脳してきました。

ところが、彼らのその洗脳に気づいて、愛に目醒めた人達が増えてくると彼らはいられなくなってきます。それが今の時代で、闇の支配層・イルミナティの罠から逃れるには「愛に目醒める」、これがシンプルな答です。

この世でいくら戦っても絶対に彼らには勝てません。何しろ、彼らは2万5920年前から地球にいて、物質社会の仕組みを作ってずっと人類を洗脳し、奴隷のように裏でコントロールしてきたからです。

今、闇の支配層に関する情報がインターネット上でたくさん出まわっており、それを知った人達の中には、「ちきしょう!、俺達を搾取《さくしゅ》しやがって」と怒り心頭になっている人もいますが、そこから超えていく事が大事です。

そのような否定的な感情を乗り超えて、自分自身を愛で満たして生きていく事が次元上昇で、それがこの世において彼らの影響下から逃れる唯一の方法です。

ただし、愛について勘違いしている人も少なくありません。

僕のいう愛というのは、制限のない愛です。つまり、愛の範囲が狭いか、広いか、そこがポイントなのです。

愛の範囲が狭いと戦争になります。なぜかというと、例えば、自分の国がとても貧乏で貧困暮らしをしているのに、他の国はものすごくお金を持っていて裕福に暮らしているとしたら、そこから奪えばいいという考えが生まれ、自分の国への愛が強い人ほど他国に戦いを挑むでしょう。

だから、愛の範囲は極限にまで広げる必要があります。例えばこういう事です。

あなたの車に、あなたの家族が乗っても怒らないけれど、見ず知らずの第三者が勝手に乗って来たら怒りませんか？　それは、自分と他人の区別があって、誰もが自分や自分の家族を守ろうとするからです。

そこで、どうすれば争いにならないかというと、全員が家族と思える事です。地球人類全員が自分の家族だったら、誰が車に乗って来てもいいと思える、これが究極の愛です。

つまり、人類全てが皆兄弟になるのが、最終目標の愛。ここまでいかないと4次元に上がれないのです。

宇宙から見れば、実際に全てが繋がっていて、集合体の意識なので、そこに気づければ地球人類全体が家族と思えるようになります。

そのように4次元に上がれれば、闇の支配層の影響は及ばなくなります。

全体の５％が目醒めたら地球社会は大きく変わる

この事に全体の５％ほどが目醒めたら、地球社会は大きく変わります。５％でも変化があれば、全体に波及すると言われているので、人口の５％が目醒めればいいわけです。

世界の人口が70億人なので、その５％の３億５０００万人、日本の人口１億人で見たら５００万人くらいが愛に目醒めたら、全体に波及して良い方向に変わるでしょう。

僕の目から見たら、昔に比べればかなり変わってきていると思います。10年前、20年前の僕の発言に対して「ハァ？　バカなんじゃないの？」と言われていましたが、でも今だったら、真実だとわかっている方達が多くなってきているからです。

そして、今、闇の支配層による陰謀を知って怒っているという事は、真実に目醒め始めているわけなので、そういう意味では、良い方向に変わってきていると言えます。

特にここ1、2年でめざましく変わったように思います。まずは、気づきがあって、その次に愛に目醒める人達が増えてくるでしょう。

愛に目醒めれば、これまでのような人種差別もなくなります。これまでは、白人だとか、黒人だとかと人種を区別していましたが、実は、それは目の錯覚です。

実際には、人間の肌の色はほとんど変わらない、ここがポイントです。ではなぜ白く見えたり、黒く見えたり、黄色に見えたりするのかというと、それは光の屈折によって脳でそのような色分けに変換しているからです。

闇の支配層・イルミナティは、それを知っていながら、あえて人種によって序列があるかのように洗脳してきたために、白人が高等で黒人や黄色人種は劣等民族だとさげすんできたのです。

ここで注意が必要なのは、イルミナティ側は真実を上手に混ぜ込んでくる事です。例えば、「人類皆兄弟」「白人も黒人も平等」などという言葉も、ディープステート側が利用して使っています。

彼らがそのような言葉を使う理由は、最初に信用させるためです。理想的な言葉を並び立てておいて、人々の注目を集めつつ、最後にコロッとひっくり返す、それが彼らのやり方です。

例えば、都市伝説ブームの火付け役のタレントSさんは、最初は「イルミナティは…」と言っていたのが、途中から「プーチンが…」と変えました。つまり、人間は、相手が1から7までは本当の事を言っていると、次の8も本当の事だと信じ込んでしまうのです。

誰かが一つ良い事、本当の事を発言しているからといって、全てが真実ではないという事です。Sさんも、元々は真実を伝えたかったのでしょうが、途中から彼らに引っ張られた可能性が高く、他にも「フリーメーソンは悪だ」と言い続けている人であっても、実はあちら側の人間である事もあります。

ですから、常に自分の目でよく確かめないと、惑わされてしまいます。特に日本人はお人好しで、綺麗事に弱いので注意が必要です。

地球温暖化説は石油利権勢力に利用されている

例えば、ドキュメンタリー映画『不都合な真実』でアカデミー賞を受賞したアル・ゴア元副大統領は、全ては地球温暖化のせいで異常気象や環境破壊が起きているかのように言っていますが、それは事実とは違います。

アル・ゴアはフリーメーソン系の人物で、温暖化が大気汚染やサンゴ礁を破壊し、シロクマを死に追い込んでいるように主張していますが、地球の気温はこれまでも上がったり下がったりをくり返しており、彼の根拠のない誤った主張はエコを売り物にするための政治的プロパガンダに過ぎません。

真実と嘘をごちゃまぜにするのがフリーメーソン・イルミナティの常《じょう》套《とう》手段です。なので、日本政府や電力会社が「CO2を排出しない原発を地球温暖化対策に」というキャンペーンを張るために温暖化の危機を煽っているのも、単に彼らが原発を推進したいだけです。

最近話題になっているプラスチック問題にしても、原料は石油なのだから、「石油をなくそう」と主張した方が説得力があるのに、誰も正面切ってそれを言わず、マスコミもそこにはフォーカスしません。

当然、そこにはロックフェラーがいるからです。衣類もエネルギーも全部石油を原料にしているのだから、環境を改善したいのなら、本来は「石油を廃止にしなければ！」と叫ぶべきでしょう。でもそれに対して、彼らは絶対に「ＮＯ！」と言うはずです。

フリーエネルギーを実用化して、石油そのものを使わなくなれば環境問題のほとんどが解決するはずなのに、なぜかそのような声が広がる事はない、それほど石油利権勢力の力が強大だという事です。

このように、環境問題にしても大義名分を持ち出される事で騙される事が多いわけですが、マスコミの情報をすぐに鵜《う》呑《の》みにせず、まず自分で「それって本当なの？」と疑ってよく調べる事が先決です。

そもそもなぜ私達は税金を払っているのか、そしてその税金の使い道などを知れば知るほど、通貨発行権を握っている人達だけが得をするような仕組みになっている事がわかるはずです。

という事は、単純に、世界中の通貨発行権を国民の側に戻せば、闇の政府達はやっていけなくなるという事です。

「税金は国民の義務」などと言われずっと洗脳されてきた事で、実際にはいくら税金を払っても私達の健康や幸せからは遠ざかっている事に気づく必要があります。

断言してしまうと、「税金がいらなくなれば、どれだけ幸せになるか」という事です。例えば、年収が３００万円の方だったら、１００万円ほど税金を取られますが、最も悲惨なのは、年収が６００万円～４００万円の方達が一番税金を取られている事です。

だから、賢い人は会社を持ち、中間層が一番搾取《さくしゅ》され、一番下に行くと生活保護で守られているので暴動は起きないだけです。

そこでイルミナティ系の企業は、どうするかというと、海外に会社を作ったり、タックス・ヘイブンに資産を移して税逃れをしています。

タックス・ヘイブンとは、課税が完全に免除されたり、軽減されたりしている国や地域の事で、租税回避地とも呼ばれます。

ようするに、多国籍企業や富裕層が、法人税や源泉徴収税がゼロに等しいタックス・ヘイブンに資産を移して税逃れをしていて、2016年5月に公表された『パナマ文書』ではその実態の一部が明らかになりました。

これによって、脱税行為やマネーロンダリング、犯罪・テロ資金隠匿《いんとく》などに悪用されるケースも少なくなく、『パナマ文書』には日本の名だたる大企業や個人の名が多数上がっていました。

日本の技術が知らない間に諸外国に流れている

僕の知人も、海外に保険会社を作ってタックス・ヘイブンに資産を移していますが、税金逃れで海外に拠点を移したとしても、今度は企業の競争力の核となる技術がどんどん流出してしまう、つまりノウハウが盗まれてしまう恐れがあります。

とりわけ、世界一の製造強国・ＩＴ国家を目指している中国の習政権は、海外の先端技術・ノウハウを取り込む手段として、外資企業の誘致強化を計っているので要注意です。

海外から優秀な研究者を集める中国の人材招致プロジェクト「千人計画」には、少なくとも44人の日本人研究者が関与していた事がわかっていて、中国軍に近い大学で教えていたケースもあったそうです。

このように、日本の技術が知らない間に諸外国に流れてしまい、このままだと日本人が得意としてきた職人技も、国内の人材不足とあいまって、消滅してしまう恐れがあります。

ちなみに、僕の知人が有名な金細工職人で、エルメスから「刻印を作って欲しい」と依頼され、エルメスの刻印を作っているのですが、彼は娘さんに「これは絶対、他に使わないで。うちが食べていけなくなるから」と強くクギを刺しているそうです。

エルメスも彼の技術が本物だから任せているのでしょうが、偽ブランドもけっこう出回っていて、少しだけ刻印を変えるだけで素人にはわからないからです。

なので、日本人はこれまで以上に、簡単に真似のできない本物を作って世界に発信していく必要があるでしょう。

その点、「物」はわりと簡単に真似ができますが、「食」はまさに職人技が問われる世界です。元は外国の料理であっても、日本人の手にかかると、現地の人ですら驚くほど本場の料理よりも美味しくできて、世界的に高い評価を得ています。

このような評価は、ネットでの反応とは違って、本物だからこそ得られる正統な評価です。

今はネット上の反応に毒されて、インスタグラムなどで「いいね」が押されると、自分の価値が高まったように感じる人が多いですが、それは他者から承認されたように感じているだけで、それほど高い価値があるわけではありません。

本当の価値は、見知らぬ他人が決めるものではなく、自分の得意な事に集中してとことんやればそれなりの結果が出るもので、だからこそ、他の人も感激したり、感動を覚えるのです。

つまり、大事な事は、外に何かを求めるのではなくて、日々自分ができる事を全力でやりきる事です。

特に、僕が一番大事だと思うのは、人から1日「ありがとう」と10回言われるような人になる事です。

とはいえ、実際には10回となると、なかなか難しい。そこまで至るには、自分ができる事は何でも全力でやらないといけなくて、そうでなくては、そうそう相手から「ありがとう」という言葉は出てこないでしょう。

楽してお金を稼ぐのか、人に喜んでもらうために一所懸命に頑張るか

例えば、食を提供している人なら、「ごちそうさま」と言われる事はあっても、「おいしかったよ、どうもありがとう」と言われる事はそうそうありません。

この違いは何かというと、単に楽をしてお金を稼ごうとしているのか、それともお客さんに心から喜んでもらうために一所懸命に頑張っているのか、の違いです。

これからは、この違いがますます表面化してきて、二極化していくでしょう。

つまり、お金欲しさに楽に生きる人と、誰かのために一所懸命に働く人で、前者はＡＩロボットにとって代わられ、後者は愛の次元に上昇してい

く人達です。

なぜなら、お金欲しさに楽ばかりしようとすると、不平不満が増え、お客さんからの評判も悪くなって、結局、ロボットのほうが良いという事になり、彼らは排除されゆく運命を進んでいくのです。

闇の支配層・イルミナティにとっては、そんな人間はいとも簡単に取り込めるし、彼らをロボットのように効率よく管理・コントロールするためにどんどんＡＩ化を進めているとも言えるでしょう。

片や、皆のために一所懸命に動ける人であれば、どこでも好かれるでしょうし、どうせ何かを頼むなら「あの人にお願いしたい」と思われて、いろんな人から必要とされるからです。

例えば、いい加減な運転をするような運転手は不要となり、全て電気の無人化運転になります。でも、心地よさをもたらしてくれる良い腕の運転手は残るでしょう。

また、ただお腹を満たすだけのお寿司は全て自動化され、反対に全身のエネルギーが満たされるような美味しいお寿司を作れる本物のお寿司屋さんは残っていくでしょう。

このように、本物はずっと残っていくという事で、本物であれば、いくら社会のＡＩ化が進んでも、決して絶やされる事はないのです。

酔っ払った知人に突然金星人が入って会話が始まった

本物ほど波動が高く、それは高次元の宇宙人と接触すればよくわかります。

地球は今いろいろな宇宙人が手助けしてくれていますが、宇宙人はどうしたいのかというと、彼らは、これから地球が１０００年後、２０００年後に他の星を救って欲しいために地球人をサポートしてくれているのです。

その中には、金星から来たウォーク・インもいます。金星人は肉体を持っていないので、地球人の身体に入って、地球人の覚醒を促すわけです。

僕自身も、５、６年前にこんな体験をした事があります。

そのとき、知人とお酒を飲んでいたのですが、彼はかなり飲んで酔っ払っていました。

彼は立ちあがったら、足をふらつかせて壁に頭をゴーンと打ったので、僕が「大丈夫？」と聞くと、「いやいや、向こうからきたから」と怒りながら言うのです。

僕は「これは何か別の存在が彼に入ったな」と思い、その存在に向かって「宇宙人の方ですか？」と聞きました。

すると、「ああ…宇宙人です」と言って、僕との会話が続きました。

「どちらの方ですか？」（私）

「金星です」

「僕もプレアデスから来てるんですよ」（私）

「ん？　プレアデス？　確かにプレアデスっぽい匂いですね。でも、だいぶ地球人に染まってるよ」

「ああ、そうですね」（私）

「でも、頑張った方がいいね」

「なぜ彼に入ったんですか？」（私）

「入ろうと思っていたけど、この人の我が強くて入りきれなくて、今はお酒で泥酔しきったから我が取れて入れたのです」

ようするに、彼の自我意識がなくなった瞬間に宇宙人が入った事で、彼が壁に頭ぶつけて怒っていたのです。

「今、地球はどうなのでしょう？」（私）

「地球は危ないです。イルミナティとかが暗躍《あんやく》しているから」

「イルミナティ、危ないですよね。もっと皆が気づかないとダメですね」（私）

その宇宙人は、私しか知らない昔の事もよく知っていました。

「昔、僕ダメだったんです」（私）

「でしょ!? 皆があなたの事をダメだと言っていたのだけど、一人のプレアデスの女性があなたの事を見捨てなかったし、あなたもそこに気づけたから、今あなたがここに立っている。今、宇宙人はみんなあなたの味方になっているから、もっと頑張った方がいいよ」

「わかりました」（私）

聞いたら、金星人は身体がないそうで、そのときの彼について「本人は今世で変わりたいと思っている」と言っていました。そんな会話をした後、彼に入った金星人はフっと出て行きました。

彼に金星人が入った途端、霊感が高まった感じでしたが、金星人は普段から人間の事をいろいろと観察しているようでした。

霊と宇宙人は、全然波動が違います。幽霊の場合はドヨーンと暗くなりますが、宇宙人は神々しい感じです。話し方も、幽霊は「ヴー」という重い感じなのに対して、宇宙人は、すごく清らかで、「〜なんですよ」「わかります？」などと、とても軽やかな感じです。

宇宙人は地球のりんごやあんずが大好き

昔から、巫女《みこ》体質の女性は憑《つ》き物《もの》が憑いて急に人格が変わる事がよくあります。

たぶん、邪馬台国の卑弥呼《ひみこ》も、その頃は波動の高い食べ物を摂食していたでしょうし、自然と共に暮らしていたので、きっと波動の高い宇宙人が彼女に憑依《ひょうい》していたのでしょう。

ただし、今は水や食べ物が変わってきているので、高次の存在が憑くのはなかなか難しいと思います。前述したように、高次元の宇宙人は、波動の高い水や食べ物を摂っている人や波動の高い場所を好むからです。

「奇跡のリンゴ」の木村秋則《きむらあきのり》さんも、宇宙人に出会って近未来の地球の姿を見せられたそうですが、それは良い宇宙人だったのでしょう。彼らは、地球のりんごやあんずが大好きなので、ちょっと目を離した隙に持っていく事もあるようです。

りんごやあんずは、宇宙の食べ物の中でも抜群に美味しいらしくて、よくりんご農園の上空にＵＦＯが出るのもそのためです。

僕の知り合いの奥さんが「島尻さん、玄関にりんごを置いていて『宇宙人やＵＦＯに会いたいです』と願うと会えるって本当ですか？」聞いてきた事がありましたが、それは本当です。

ですから、高次元の宇宙人と接したければ、波動の高い水や無化学・無農薬の野菜など、なるだけ自然な食べ物を摂ったり、豊かな自然との接触を増やす事が大事です。

つまり、原点に返る事です。そうすれば自分自身の波動も高まって、昔の人達のような感覚や感性を取り戻せるようになるでしょう。

そうでなければ、今後、人類はレプティリアン・イルミナティの思惑通り、滅びの道へと突き進んでいく事になりかねません。

その点に関して、「ホピ族の予言」には、次の9つの出来事が全て現実化したときに地球が滅びると記されています。

1、白い肌の人間の到来：ヨーロッパ人によるアメリカ大陸の発見と進出。

2、満ち溢れる回転する車輪の声（音）：最初は馬車、後に自動車が走り回る様子。

3、バッファローに似た角が生えた獣の流入：牧畜として持ち込まれたヨーロッパ産の牛。

4、鉄のヘビが大地を横切る：鉄道。

5、巨大なクモの巣が大地に張りめぐらされる：電線や電話線。

6、石の川が大地に交錯する：舗装道路（高速道路）。

7、海が黒く変色し、多くの生物が死滅する：原油流出事故。

8、長髪の若者がやってきて部族の生活と知恵を学ぶ：60年代〜70年代のヒッピー・ムーブメント。

9、天国の居住施設が地球に落下し、衝突する。その時には青い星が現れて、その後ホピ族の儀式は幕引きとなる。

この中で、８つの予言はすでに現実化していて、９番目の予言は、惑星ニビルが地球に急接近するか、あるいは衛星が衝突するのではないかとも言われています。

いずれにしても、ホピの予言ではこの９つ目の出来事が起きた後で、現在の第４の時代は終り、新たな第５の時代へと移行していくとされています。

今の科学技術や医学に依存し過ぎない事が大事

ホピ族と同じように、マヤの暦《こよみ》でも古い時代の終わりと新たな時代の到来が予言されていますが、そんな時代の幕開けの予感を感じている若者達の中で、安心安全な作物を育てながら自給自足の生活を始めようとしている人達もいます。

そこで、大きな壁になっているのが、種（タネ）の問題です。

現在、世界の農家で使われているほとんどのタネが「Ｆ１」と呼ばれる一世代限りしか使えないタネで、しかも遺伝子組換えによって生物学的には異常なタネが増えているそうです。

日本の農家も、昔は1年の初めにタネを蒔き、作物を栽培し、作物の花から次の年のためのタネを採るというサイクルを繰り返してきたのが、今は種苗会社からＦ１のタネを毎年購入しなくてはならず、その地域で育てられてきた作物のタネを販売している種屋さんはわずかしか残っていません。

遺伝子組換え種子は、モンサント社をはじめとする巨大な多国籍企業が販売していて、日本は商業用の作付けは認められていませんが、世界で主要な遺伝子組換え作物輸入国となっています。

また、日本の水資源にしても、前述したようにフランスなど海外の会社が狙っていて、もし水道の民営化が行われたら、法外な料金を支払わされたり、今までのように気軽に飲料水が手に入れられなくなるでしょう。

そもそも、日本の食料自給率は先進国の中では最低で、カロリーベースで約40％しかなく、もし国内の水資源が外資に抑えられたり、食糧危機が起きたら日本は崩壊しかねません。

さらに、オール電化や5Gなどの広がりによって、心身へのダメージが大きくなってきています。

特に危険なのが電子レンジです。誰が作ったかわからない機器ですが、軽い波動を下げます。とはいえ、身の回りの電子機器を「悪いもの」と思って使うと余計に波動が下がるので、ようはバランスの問題で、それに依存しないようにすればいいのです。

何が問題かというと、本来人間に備わっている能力を封じたまま、「これがないとダメ」「これがあれば安心」などと今の科学技術や医学に依存してしまっている事です。

特に現代医学に依存してしまうと、本来自分の中に備わっている生命力や自己治癒力《ちゆりょく》などが損なわれてしまいます。

もちろん、薬などは毒にしかなりません。また、医学の問題一つに輸血があり、輸血をすると死んでしまう危険すらあるので避けるのが賢明です。

輸血は他人の血を自分の身体に入れるわけですから、体質に合わなかったり、病気が移ってしまう可能性が大きいです。また、ショック状態になったり、急性呼吸器不全になる事もあり、すぐに症状の出る副作用ばかりでなく、輸血から数日後、数週間後、数年から20年30年後に問題になる副作用もあります。

大きな社会問題になっているＡＩＤＳ（エイズ）も、感染源は血液製剤で、輸血でＢ型肝炎やＣ型肝炎になった人も大勢いました。今使用している血液や血液製剤は、献血の時にこれらの検査をしているというものの、まだ血液でうつる事が知られていない病気もあり得ます。

しかも、ＡＢＯ式血液型の違う血液を輸血すると、血管の中で血液が壊されて重篤な症状が出るため、異型輸血はしないとされていますが、現実には血液の取り違いによってそのような事故が起きているのです。

昔、僕の母親が半年後に入院手術をする事になったのですが、そのとき母は通院しながら、手術の前に「自分の血を抜いている」と言っていました。「なぜ血を抜いてるの？」と聞いたところ、「自分の血で治療した方が一番安全だから」との事でした。

ようは、自分の血を貯めておいてから手術をし、自分の血を入れる（自己血輸血）という事で、これが一番安全です。

自己血輸血には、発熱、蕁麻疹《じんましん》、輸血後移植片対宿主病、肝炎、エイズなどの輸血感染症はありません。なので、他人の血を輸血してもらうのではなくて、断然、自己血輸血をお勧めします。

昔の人達は松果体（松ぼっくり）がキーになるのを知っていた

血の話が出たので、「瀉血《しゃけつ》」についても触れておきましょう。

瀉血というのは、体内の汚れた血を外に出す事で、古くから西洋でも東洋でも行われていた民間療法の一つです。

古代ローマの時代には、「剃髪師《ていはつ》」という専門家が、虫歯を引き抜いたり、瀉血を行っていたりしていて、また中国最古の医学書である『黄帝内《こうていない》径《けい》』も、「笑い続ける症状」＝躁病《そうびょう》に瀉血療法を勧めていました。

中国医学では鍼灸治療において、瀉血を行う場合も多く、中には、ヒルを皮膚につけて血を吸いださせて抜く事をやっている人もいます。そうすると、血流が改善して、毒素が排出されて、いろんな不調が良くなるのです。

でも、この方法はお金がかからないし、薬も売れなくなるので、現代西洋医学ではほとんど行われていません。

今の西洋医学は、「手術・抗がん剤・放射線治療」ががんの標準治療になっている事でもわかるように、患部の切除か、投薬が中心です。

ようするに、本人の自然（自己）治癒力を高める療法ではないのです。

そもそも、誰にも備わっている治癒力を活かすのが、本来の治療であり、根治療法なはずです。

その点、瀉血は自己治癒力を高める方法の一つで、ドイツのドクター・レオナルド・コールドウェルも、がんの治療に断食と瀉血、ビタミンCを勧めています。

絶食によってがん細胞が弱まる事はマウス実験でも確かめられていますが、がんの栄養分は糖分なので、断食をすれば治るのは自明です。僕の知人も断食をして末期がんから生還できたのですが、主治医は「いやぁ、こんな事があるんだ」と驚いていたそうです。

自己治癒力の働きを阻害しているのが、食べ物や水の中に含まれる水銀・鉛・カドミウム・アルミニウム・ヒ素・ニッケルなどの体内に溜まった有害重金属です。

先に銀歯の水銀の害について述べましたが、こうした有害重金属を取り入れてしまうと、脳の松果体《しょうかたい》の働きが落ちて、生命力や自己治癒力が低下してしまうので注意しましょう。

松果体は、脳の中心部にあるケイ素でできた松ぼっくりの形をした器官です。松果体は昔から「第3の眼」と言われていて、松果体が活性化すると、霊感が高まったり、覚醒して、宇宙と繋がれるようになります。

デカルトも、松果体こそが物質と精神を繋ぐ役割をもつ器官であり、魂の在りかだと考えていたようで、日本でもよく神社仏閣に行くと松ぼっくりのお飾りとして松果体が飾られています。

これは昔の人が、松果体が特に重要だと知っていたからです。それが物質文明の発達にともなって、忘れ去られ、ただのお飾りになってしまったわけです。

このように、元々あった古代の叡智を今に取り戻す事が、日本人、そして人類の覚醒に繋がるのです。

第5章

愛と霊性に目醒めるために

見えない世界には限りなく次元がある

ここからは、日本人が愛と霊性に目醒めるために必要な事を思いつくまま述べてみたいと思います。

まず、「見えない世界には限りなく次元がある」という事をぜひ知っておいて下さい。

これまで、日本では、神話の天地開闢《てんちかいびゃく》に登場する「天之御中主神《アメノミナカヌシノカミ》」が一番上の神様だと信じられてきましたが、この天之御中主神も宇宙人です。

そして、さらにその高次元に「ヤハウェ」と呼ばれた神がいます。人間から見たらヤハウェは唯一神ですが、実際は唯一ではなく、高次元にはたくさんの宇宙人が存在しています。

例えば、現代人が原始時代に行って、火を起こすのにライターを使って瞬間的に火をつければ、原始人にとっては神様に見えるのと同じです。

つまり、高次元の宇宙人の中で、その時代や地域によってそれぞれ人類に干渉してきた宇宙人の事を、当時の人達が「神様」と仰いできたのです。

例えば、素人がプロボクシングの試合を見たら、４回戦もプロ、８回戦もプロ、日本チャンピオンもプロで、世界チャンピオンもプロ、みんなすごく見えて、階級の違いまではわからないのと同じです。

ひとくちでプロと言っても、階級の違いがあるように、人類が神様と捉えてきた宇宙人にも次元の違いがあるのです。

そしてその中には、身体を持つ宇宙人もいれば、身体を持たない宇宙人もいるわけですが、いずれにしてもそうした存在は、この宇宙万物を創造した「創造主」とは違います。

人間を含んだ宇宙万物の展開をゲームだとすれば、そのゲームを作った存在が創造主であり、本当の唯一の神です。

ですから、唯一の神から見たら、良いレプティリアンも悪いレプティリアンも含めて、全ての宇宙人、そして地球人も、宇宙ゲームを構成する一員に過ぎないのです。

そこで、今、いろんな人達が「神様」からのメッセージを伝えているように思われていますが、自分の思いが叶うと「やっぱり神様はいる」といい、思い通りいかないと「神はいない」と言ったりして、いったい何が本当の神様なのかわからないような状況になっています。

これは、創造主が作ったゲームの楽しみ方がわからないのと同じです。ゲームが下手な人にとっては、「楽しくない」と苛立ち、でもゲームが上手な人は「このゲーム、とても、おもしろい!!」と楽しんでいるわけです。

ゲームの目的は、魂の集合体の情報をグレードアップさせる事です。魂というのは1個の集合体で、誰もが死ぬとそこに帰ります。ここに個々の情報が記憶されて、またそこから出て来る。

それを繰り返しながら、愛と霊性を磨いて魂の波動が高くなると、そこからまた行く場所が変わっていく、そんな感じです。

そこで今、多くの日本人が、宇宙人や霊的な存在を神様と思ってそのゲームに参加しているわけですが、良い宇宙人も悪い宇宙人も両方必要だから存在していて、だからこそそこにおもしろさがあるわけです。

敵がいなかったら戦いが生まれない、そうなるとゲームにはなりません。だからレプティリアンもいるし、地球のような星があり、その中でレプティリアンに負けている星もあれば、勝っている星もある。

ようするに、ゲームを通じていかに自分の波動を上げながら、３次元、４次元、５次元と上に上がっていくか、そういうゲームです。

なので、悪い宇宙人も絶対悪というわけではなく、成長するためには悪や争いも必要、でも、愛や霊性に目醒めれば彼らと関わらなくて済むようになるという事です。

自分という「車」をどこでどのように使うかが大事

3次元の人間から見たら、いわば覚醒ゲームですから、いろんな出来事を絶対的な善悪でとらえてしまうと、それだけ迷いや囚われが生じて、ゲームを楽しめなくなってしまいます。

そこで、大事な事は、まず「自分自身を受け入れる事」です。

自分を他の人と比べたり、過去を振り返ってダメ出しをしているのは、自分を受け入れていない事になります。

それは、潜在意識に「自分は良くない、悪い存在」だというメッセージを送り続ける事になって、覚醒から遠ざかってしまいます。

あなたがあなたである事は、変えようがありません。そして、何があったとしても、何も悪い事はないのです。

自分の身体は絶対に変えられず、一生付き合うものです。これは変えようがありません。自分の身体を「車」に変えるとたとえやすいかもしれません。

「フェラーリが一番良い！」と思って憧れる人もいますが、本当に一番良いのでしょうか？

乗りやすさでいえば、プリウスの方が良いかも知れませんし、細い道を通るなら軽自動車の方が良いでしょう。

つまり、大事な事は自分の個性を受け入れ、自分という車をどこでどのように使うか、なのです。とりわけ、日本人は、人目を気にしたり、他人との優劣に神経を使い過ぎる傾向があります。

でも、人の目を気にしているうちは、絶対に成功しません。人目を気にしていると、そこにエネルギーがいっているので、自己実現の方にエネルギーが向かわないのです。

人生の成功を手に入れ、覚醒を望むのであれば、発想が逆で、まず自分自身を受け入れ、自分を好きになる事が先決です。

アルフレッド・アドラーが『嫌われる勇気』（ダイヤモンド社、2013年）という本を書いていますが、周囲の人に「嫌われたくない」と考えて、自分の意見を押し殺して生きるのではなくて、嫌われてもいいから自分のやりたい事や考えを述べる、それが人生の成功や覚醒に繋がります。

なので、人目を気にしないようになるためにも、まず「自分の良さに気づく事」が大事です。

自分を受け入れないでいつまでも他人に憧れたり、他人と比較をするのをやめましょう。

あなたには必ず良いところがあります。成功したければ、まずあなた自身が誰よりもあなたの良さに気づいて下さい。

３・11は東京湾に大津波を起こして首都圏を水没させるのが目的だった

日本人が自分に自信をなくしたり、自分の良さに気づきにくくなってしまった理由の一つが、一人ひとりの個性や持って生まれた能力を伸ばそうとせずに、均一的で詰込み型の暗記教育を強いられてきたからです。

これは、もちろん闇の支配層による日本弱体化計画の一環です。

つまり、教育やマスコミを使って、知識や暗記力だけを鍛えさせ、目上の者に従順に従う「聞き分けの良い人間」を大量生産してきたのです。

これが、レプティリアン・イルミナティによるピラミッド式の支配構造

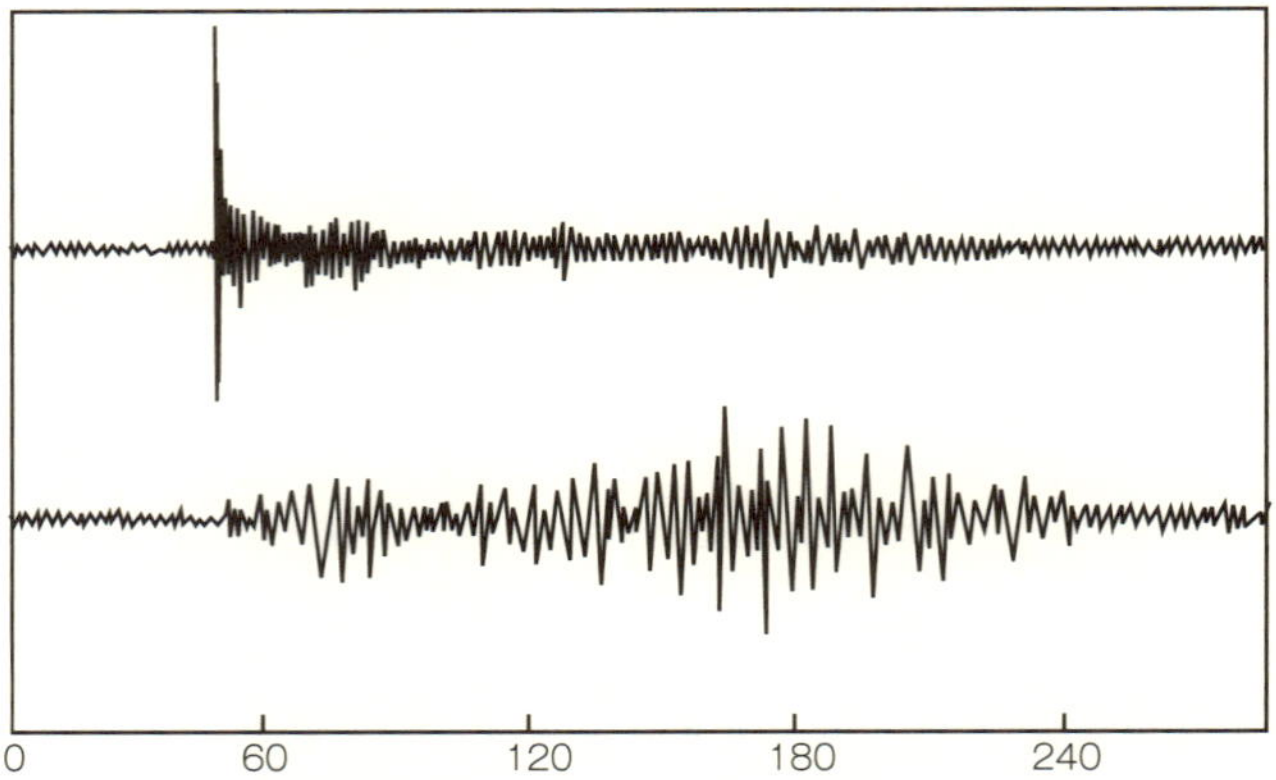

人口の爆発と自然地震の違い（波形の違い）
上部が人工爆破、下部が自然地震
人工爆破は急激に波が起こるのに対し、
自然地震は徐々に波が起こり、徐々におさまる。

です。

にもかかわらず、終戦後も、そして、阪神淡路大震災やリーマンショックが起きても、日本はそこからみごとに復興を遂げてきました。

それだけ、イルミナティの思惑に反して、精神性の高い人達が多いという事ですが、だからこそ、イルミナティ側からしたら、何としてでも立ち上がれないほど徹底的に叩いておく必要があるわけです。

そしてそれが実行に移されたのが、３・11東日本大震災でした。

実は、３・11の真相は、日本を完全に終わらせたかったのです。

闇の支配層は、本当は福島を中心とした東北地域ではなくて、人工地震で東京湾に大津波を起こして首都圏を水没させるのが目的でした。

その証拠に、当時、民主党政権の人達はそれを知っていて、こっそり東京を離れていたし、ＩＴ企業のトップなども事前に地方に逃げています。

ところが、結果的に、東京は宇宙人達の働きかけによって守られたのです。

最低限の生活保障もないベーシックインカム論には惑わされてはいけない

闇の支配層・イルミナティがなぜ首都圏を壊滅させようとしたかと言え

ば、このままだと日本が目醒めて世界を良い方向へ導いていくのを知っていたので、日本の首都を徹底的に叩き潰したいからです。

それは経済的なダメージよりも、精神的なダメージを与える事が目的です。実際、経済的にはこれまですでにアメリカによって搾取《さくしゅ》され続けていて、それでもまだ精神的には毒されていない人達も多いのです。

もちろん、彼らはこれまでも日本人の精神性を削ぎ落そうと、何度も陰で画策してきました。明治新政府では、イルミナティ側の初代文部大臣の森有礼《もりありのり》が、日本の近代化は日本語ではなく、英語で行うべきだと主張し、例えば、それまで「氣」という漢字だったのが「気」に変えられるなど、日本人の精神性の核となる文化まで変えようとされました。

さらに、戦後、教育者やマスコミによって、日本人だけが悪者であったかのような風潮が助長され、ほとんどの日本人が自信を失い、隣国に対して後ろめたい感情をずっと持ち続けされて、それが外交問題にまで飛び火しています。

また、労働組合にしても、労働者の味方のように思われていますが、決してそんな事はありません。組合費と称して毎月1万円近くも天引きされながら、経営陣との癒着《ゆちゃく》を生んで「御用組合」化しやすく、そのため海外では禁止されている国もあるくらいです。

ようするに、労働組合も、貧困労働者が暴動を起こさないように、資本家達への不満に対するガス抜きとして利用されていて、その意味では、右も左もイルミナティの側になっているのです。

現に、コロナ騒ぎに乗じて、最近、竹中平蔵が「ベーシックインカム」をしきりに提唱していますが、彼の発言には要注意です。

なぜなら、竹中は小泉政権で構造改革の旗振り役として、アメリカ政府の尻馬に乗るように日本政府に巨額の公共事業を迫る主張をくり返すなど、外圧を煽って日本の国益を損なうような事を主張し続けてきたからです。

そもそも、ベーシックインカムは、政府が国民に対して最低限の所得を保障する政策で、「最低限の生活」を送るのに必要とされている額の現金を全ての国民に定期的に支給するという制度ですが、竹中の説には批判が巻き起こっています。

なぜなら、ベーシックインカムの支給と年金や生活保護などの廃止がセットになっていて、結果的に、最低限の生活保障が今の制度を下回るからです。

竹中がいう「月7万円のベーシックインカム」では、最低限な生活すら実現できず、最低限の生活が保障されていなければ意味をなさない政策です。

そんな経済的弱者を平気で切り捨てようとする愚策《ぐさく》を主張している人物が、なぜ今の菅《すが》政権にも影響を与え続けているのかについては、少し調べればわかる事です。

日本人の美徳はイルミナティといえども、どうする事もできない

こうした動きからも、イルミナティ側が日本を早く植民地化して、日本人をロボットのようにこき使おうとしている事が窺《うかが》えますが、日本はこれまでそのような危機を何度も乗り越えてきました。

３・11にしても、あれだけ前代未聞の被害を被ったにもかかわらず、被災地は外国のような事態には陥る事はありませんでした。

被災者達の忍耐強さと秩序立った様子に、世界中から驚きと称賛の声が上がって、「なぜ日本では略奪が起きないのか」「災害につきものの略奪《りゃくだつ》と無法状態が日本で見られないのはなぜか?」「こんな大変な事態でも暴動が起きないのは信じられない」「みんなで力を合わせて絆を大事にして

いる日本人はすごい」などと言われたのです。

人間はいざというときに本性が現れるものですが、こうした逆境下の中でのふるまいの中に、日本人のすばらしい本性が残っているのがわかります。

冷静沈着な心、敬意と品格に基づく文化、愛国的な誇り、ピンチをチャンスに変える気力や知恵、他人を進んで助けたくなる優しさ……こうした日本人の美徳は、イルミナティといえどもどうする事もできないのです。

どんなひどい仕打ちをされても、そのたびに雑草のように隙間から光に向かって芽を伸ばす日本人のしたたかで高貴な精神性――これが最もイルミナティの鼻につくものなのかもしれません。

だから、3・11以降も、自然災害に見せかけた人工地震や気象兵器による攻撃が頻繁に続いているし、今回の新型コロナもその延長線上の出来事でしょう。

日本がギリギリで植民地化を逃れ、いろんな艱難辛苦《かんなんしんく》に見舞われながらも、これまで清らかな精神性を失わなかったのは、やはり神として舞い降りた宇宙人達との繋がりが大きいと思います。

先に述べたように、良い宇宙人は日本人が覚醒して、世界に貢献する事を願っています。

だからこそ、日本は昔から世界で有数の神社仏閣のある国で、しかもそれが密集している事で、神仏への信仰が日々の暮らしに密着してきました。自然を大切にし、神を信仰する国だからこれだけ栄えてきたわけで、いいかえれば、昔から日本人はいつも普通に宇宙人と交信してきたのです。

そもそも、神社仏閣というのは、神仏、つまり宇宙人と交信するための場所です。波動の高い宇宙人は、波動の高い場所を好みます。

そのような場は、清らかな湧水が湧き出ていたり、近くに多様な生き物が棲んでいる豊かな森があったりする波動の高い場所です。

そのような場所だからこそ、宇宙人と普通に交信できるわけなので、大事な事は神社仏閣の波動を下げないように、人間の低次元の欲望をそこにまき散らさないようにする事です。

そのためには、最低限の物だけ残して原点に返る事、つまり、これまでの物質文明のいびつな社会をいったんリセットする事です。

がんや自殺者が多いのは化学物質や電磁波だらけの生活だから

昔の人達がそうであったように、精霊や自然と調和できるような最低限のシンプルな暮らしに戻る事ができれば、心身共に健康を取り戻して愛や霊性に目醒めやすくなるからです。

今、がんや自殺者が多いのも、慌ただしくストレスフルな日常の中、化学物質や電磁波だらけの生活を強いられているからです。

だから、心も身体もおかしくなっているので、そこから変えていかないと健康を取り戻す事も目醒める事も難しいでしょう。

中でも、水や空気が綺麗でなくては、どうしても生命力が弱まってしまいます。

「みろく」の理想社会を作ろうとしていた出口《でぐち》王仁《おに》三郎《さぶろう》も、当時、ラジオを持っていた人に対して「それは便利だけど、空気を汚すからやめてくれ」と言っていたそうですが、電波によって空気が汚れます。

今はどこでもＷｉ－Ｆｉが飛んでいるし、５Ｇは短い距離にアンテナがたくさん必要なので、その地域にいる人達はそれだけ強力な電磁波を浴びている事になります。

特に５Ｇに関しては、海外ではいろんな専門家がその害について警告を発しているのに、なぜか日本だけは各企業がこぞってエリアを拡大しようとしています。

直接的な電磁波の害に加えて、闇の支配層はその中にサブリミナルのようにネガティブな周波数（情報）を入れているので、意図的に相手を殺す事さえできる、つまり殺人兵器にもなり得ます。例えば日本では、水商売の女性の自殺が多いと言われていますが、飛び交う電磁波の中には「あなたは死んだ方が良い」と自殺に誘うメッセージが込められているのです。自殺の時間は大概、仕事が終わった明け方なので、疲れて精神性が落ちている時です。

精神性（波動）高いとその影響は受けませんが、波動が低いとそれだけダメージを受けやすくなります。

精神性が下がった状態、心や身体が病んできたときに影響を受けるわけですが、その電磁波の受信機となるのが水銀の入った銀歯などです。

化学物質に関しては、特に食品に含まれる添加物が問題です。日本では、保存料、甘味料、着色料、香料など１５００以上の食品添加物があり、一人が年間８キロもの添加物を摂っているとも言われます。

食品添加物の専門商社の敏腕セールスマンだった阿部司さんという方が、食品メーカーの手口を次々に暴露した内部告発書である『食品の裏側　みんな大好きな食品添加物』（東洋経済新報社、２００５年）によると、コンビニのおにぎりには10種類近い添加物が入っていて、市販の味噌や漬物、明太子などにも大量の添加物が使われている事から、それら1食でも40種類近い添加物を口にする事になるそうです。

また、常温で何日も保存できるコーヒーフレッシュの正体は、植物油と水と添加物でできていて、その植物油には、虚血性《きょけつせい》心疾患や糖尿病などのリスクを高めるトランス脂肪酸が含まれている場合があります。

アメリカの食品医薬品局では、２０１８年以降はトランス脂肪酸およびその発生源になる油を食品に使用する事を原則禁止すると発表しているのに、日本ではまだ一般にはあまり問題視されていません。

トランス脂肪酸はマーガリン、菓子類、パン類、油脂類に含まれていて、他にも動物性脂肪やパーム油などに多く含まれている飽和脂肪酸を摂り過ぎると、血液中のＬＤＬコレステロールが増えて、その結果、循環器疾患のリスクが高まるので、いずれにしても油は極力控えるほうが無難です。

神社は感謝を捧げに行くところなのでそれなりの玉串料を収めましょう

また、食肉全般は避けた方が良いでしょう。前に述べたように、日本人は明治以降、四つ足の動物を食べるようになってから、脚力や体力が弱って、波動も下がってきました。

まして、今の牛肉、豚肉、鶏肉などの食肉は医薬品や飼料添加物がたくさん入っていて、食用に解体するときに病気の検査も義務づけられていないため、病気の動物までも解体して市場に出されているのです。

これまで、日本人はよく魚を好んで食べてきましたが、波動が高くなってくると、肉だけでなく魚も合わなくなって、生き物の死骸《しがい》を食べる習慣が自然になくなっていきます。

ようするに、穀物採食が一番健康的で、かつ波動が非常に高いという事です。

穀物採食は、腸内環境を整え、腸が健康だと脳も元気で活性化しますが、肉食や添加物の入った加工品などは、それとは逆に、腸内細菌のバランスを崩し、血液を汚して、免疫力や自己治癒力を低下させます。

特に今問題なのが、日本でもコロナ騒ぎに乗じてワクチン接種が行われようとしている事です。

そもそも、コロナはただの風邪なので、対策としてはインフルエンザや風邪と同じで充分なのですが、人体に有毒なワクチンを打つとかえって取り返しがつかなくなるでしょう。

いずれにしても、どの党が政権を取ったとしても、本当に国民のための政治を取り戻すなら、まずは日銀の通貨発行権をなくして、紙幣は国が刷る事です。

通貨発行権を闇の支配層から取り戻す事ができれば、日本や世界の仕組みの全てが変わるはずです。

それと同時に、神社仏閣は、感謝を捧げに行く場所だという事をもう一度思い出して、素直にそれを実行してみる事です。

自分の欲を満たしてもらう場所ではなくて、陰ながら私達を助け、導いてくれている存在に対してただ感謝の気持ちを届けにいくのが神社です。

なので、それなりの額をおさめる事が大事で、僕はもう5、6年前から玉串料《たまぐしりょう》として1万円以下を入れた事がありません。

多いときには2万円。それはなぜかというと、僕のところには相談者から鑑定料が集まってくるので、僕がお賽銭《さいせん》を入れるとお客さんのお金を入れているのと同じことにより、その結果として、皆様の運気が上がれば皆様が幸せになれるからです。

だから、僕は1、2万円入れても感謝しかありません。逆に、成功していない人は、お賽銭箱に小銭しか入れていない。それなのに、あれもこれもとお願いしている。だから、運気が上がらないのです。

成功者と非成功者の確率は、95対５％と言われています。95％はお願いだけ、あとの５％はわざわざ感謝の気持ちを表しに神社に参拝しています。だからあとの５％は成功しているのです。

稲荷系の神様はいい加減な信仰をすると大変な目に遭うので要注意

知り合いに年商10億円のネットワークビジネス経営者がいます。彼は1週間に4回ほど神社に参拝し、毎回、神様に感謝をしてくると言っていました。

彼はそれまで、数千円ほど包んでいるとの事ので、僕は「最低でも1万円は入れましょう。その方が絶対に成功します」と助言しました。

かくいう僕も、初めに初穂料《はつほりょう》として1万円を入れたときは、正直、抵抗がありました。

それまでは1000円だったので、内心「こんなに入れて大丈夫かな」と思って入れたのですが、1万円を1回入れると、次は1万円が当たり前になってそれが基準になりました。

ちなみに、僕がよく参拝する豊川稲荷は、商売繁盛のご利益がありますが、その分、稲荷系の神様はいい加減な信仰をするとその反動も大きいので注意が必要です。

稲荷系の神社を信仰していたお客さんが、ある日、コルセットしていました。

「どうしたんですか？」（私）

「いや、腰が痛くて眠れない」

「ちょっと診ましょうか」と言ってその人の背中を見たら、狐が憑《つ》いていました。

「狐、憑いていますよ」（私）

「何色ですか？」

「白ですね」（私）

「あっ、やっぱり……」

そこで「何かあったんですか？」と聞いたところ、僕のところに来る前に霊能者のお婆さんところに通っており、そのお婆さんが亡くなる前に、「あー、狐さん憑いているから抑えておくね」と言ってくれたので安心していたそうです。

ところが、そのお婆さんが死んでから、もっと具合が悪くなったらしく、それで僕のところにやって来られたのです。

「今日、僕も抑えますけど、これは神様系の霊だからちょっと抑えるくらいしかできないですよ」と言って憑いていた狐の霊を抑え、彼の祖父母の家に原因があるようだから、そのお宅に行ってもらいました。

そうしたら、彼から「大変です！」と震えながら電話がかかってきました。

「何かあったんですか？」（私）

「祖父母の家に行って神棚を開けてみたら、豊川稲荷のお札が10枚くらい出てきて……どうも父の代でほったらかしにしていたみたいです」

どうやら、彼の祖父母時代から熱心に稲荷信仰をしていて、そのおかげで彼のお父さんは事業で大成功して会社を興したものの、祖父母が病気で入院したために信仰が途絶え、引き継ぐものがいなくなっていた。その後、彼の父さんは自殺したらしいのです。

「そんな事をしたらお稲荷様は怒りますよ」（私）

「そうですよね……」

「僕もちゃんとご祈祷しますから」とそこで祈祷をしたら、彼の身体の痛みがなくなってきて、お父さんから引き継いだ会社も倒産寸前だったのが持ち直しました。

彼は「僕、ずっと悩んでいたんです」と言いながら胸をなで下ろしていましたが、それほどお狐さんは契約不履行をするとバチが当たります。

いわば、等価交換で、こちらが差し出した分だけ与えられるという感覚です。

なので、もし稲荷信仰でご利益を得たいのであれば、必ず契約は履行し続ける事が大事で、それがその次元のルールである事をお忘れなく。

第6章

これから始まる世界の立替え・立直し

御巣鷹山・日航ジャンボ機（JAL123便）事故の衝撃の真実

ここまでで、爬虫類型レプティリアンの手先である闇の政府・イルミナティは、人間を奴隷のようにしか見ていないという事がおわかりいただけたかと思いますが、ようするに彼らは地球人類に次元上昇をさせたくないのです。

今までのように、家畜のまま3次元に留めておく事が彼らの願望であり、そのために陰でいろんな画策をしてきたわけですが、とりわけ、地球人類の次元上昇のキーとなる日本人に対してはひどい仕打ちをしてきています。

彼らがどれほど残忍な事を平然とやってのけるか、ここで一つだけ例をあげましょう。

昭和60（１９８５）年に起きた日航ジャンボ機（ＪＡＬ１２３便）事故を覚えているかたもいると思いますが、あの事故は不審な事がたくさんあって、どうやら米軍が関与していたようです。

不審な点は、いち早く墜落現場に救出に向かおうとした地元の消防団を立ち入り禁止にし、墜落から救出開始まで16時間という異常に長い時間がかかっていたり、発見の前から自衛隊のヘリコプターが来ていたという周辺住民の目撃情報と、実際にヘリコプターの音を聞いたという数少ない生存者の記憶がある事。

また、ボイスレコーダーには明らかに2度の爆発音があってから異変が起きている事や、事故発生後に日航機を自衛隊のファントム機が2機追従している事が目撃されていて、結局、事故原因とされた垂直尾翼も発見されていないまま、しかもなぜか事故に関わった自衛隊員がその後相次いで自殺をしているのです。

ちなみに、このジャンボ機には、当時日本の国産のＯＳとして注目されていた「ＴＲＯＮ（トロン）」の優秀な技術者達が乗っていて、彼らが全員亡くなった事で、その結果、Ｗｉｎｄｏｗｓのマイクロソフトがインターネット市場を独り占めする事になります。

内情に詳しい複数の人達の証言や、さまざまな状況証拠によると、ようするにこういう事です。

当時、異常事態が発生した１２３便に対して、突如、自衛隊のファントムが現れて１２３便をなぜか強引に御巣鷹山《おすたかやま》に誘導し、御巣鷹山上空で追尾していた黒塗りの米軍機（Ｆ－１０６）が現れ、１２３便にミサイルを撃ち込み、これがエンジンに命中して墜落。

しかも、そのときまだかなりの数の生存者がいたにもかかわらず、証拠隠滅と口封じのために、生存していた人達を生きたまま焼き殺したというのです。

この事は日本政府と米軍との間で密約が交わされ、当時の中曽根首相は「真実は墓場まで持っていく」という言葉を残しています。

理想論や口先だけで「武器を捨てましょう」と言っても意味がない

普通の日本人の感覚からすると、「まさか、そんなひどい事はしないだろう」と思うでしょうが、国際政治の裏側はそんな事は普通に起きているのです。

そもそも、広島・長崎に原爆が落とされたのも、プレアデスと交信できるのが広島や長崎だったからです。

つまり、高次元の宇宙人との交信をさせないように、わざと広島・長崎を狙ったのです。私が言いたいのは、陰謀論を全て信じなさいというのではなくて、悪いレプティリアンや悪魔崇拝の闇の支配層達は、人類を家畜のようにしか見ていない、日本人ももうそろそろその事に気づいたほうがいいですよ、という事です。

それを知らないで、ただ「世界平和」を唱えたり、敬虔な祈りを捧げ続けたとしても、現実は一向に変わらないでしょう。

現実社会の裏側で何が起きているかを無視したまま、平和を叫んだり、武器のない世界をと祈っていても、自己満足で終わるだけです。

実際に、これまで数多くの人達が平和活動に励んだり、祈りの輪を広げてきましたが、国際社会の現実を見る限り、あまり功を奏しているとは言い難いでしょう。

とはいえ、私も最終目標は平和である事には変わりありません。

ただ、その前提として、悪い宇宙人の存在や闇の支配層の動きを知ったうえで、一人ひとりが愛に目醒める事が大事だと言っているのです。

この世の悪を知り、そのうえで愛に目醒めなかったら、平和はもたらされません。

僕の言う愛とは、制限のない広い愛です。

前述したように、自分の家族だけ、自国民だけという小さい愛だと、結局、他の国と利害が衝突して戦争になります。

そこで、愛の範囲を広げていけるかどうかです。なぜ、人間が武器を持つかというと、まだ小さい愛しかなくて、相手を信用できない、相手から攻撃をされるのではないかという不安と怖れがあるからです。

それを、理想論や口先だけで、「世界平和のために武器を捨てましょう」とか「日本は武器を持ってはいけない」などと言ってみても、意味がありません。

もし、日本だけが武器を捨てたら、軍事強国に簡単に攻め込んでこられてしまうでしょう。特に、今の中国から見たら、地政学的にも日本は邪魔な存在なので、油断は大敵です。

なので、もし武器を捨てるというのであれば、世界一斉に全国民が捨てないと意味がないのです。

自我を出せば出すほど辛くなり、神に従って真理に生きれば楽になる

世界が武器を捨てて平和になるためには、人々が愛と霊性に目醒める事です。

みなさんは『日月神示《ひつきしんじ》』をご存知でしょうか。

『日月神示』は、神道研究家・画家である岡本天明《おかもとてんめい》（１８９７～１９６３年）が、昭和19（１９４４）年6月～昭和36（１９６１）年まで約17年間にわたり記した書物です。天明は、出口王仁三郎《でぐちおにさぶろう》が率いていた大《おお》

本《もと》の信者でした。

出口王仁三郎は『霊界物語』（後述）を記した本物の霊能力者で、いくつもの予言を当てています。

王仁三郎と同じ霊統を引き継いだ岡本天明は、神社を参拝していた時に神がかり、自動書記をするようになったものの、それが普通の文字ではなかったために、自分でも書いている内容が解明できず、さまざまな人の力を借りて訳したものが『日月神示』です。

その中には、今のスピリチュアルブームに繋がる良い言葉がたくさんあります。

例えば、「生まれ変わり死に変わり鍛えているのぞ」という言葉があり、これは文字通り輪廻転生を伝えています。

輪廻転生が本当にあると理解をすると、死が怖くなくなります。

死んでもこの身体を脱ぎ捨て、また新たに生まれてくるからです。魂は死なないという事を理解している人と、人は死んだら全て無になって、魂の世界などないと捉えている人では、人生の目的や生き方が大きく違ってきます。

魂は死なない事を知っていれば、この世のお金や物質に執着しにくくなって、それだけ闇の支配者達の洗脳や誘惑に惑わされなくなるのでしょう。

そして、魂の世界にはいろんな次元があって、3次元から4次元、5次元へと次元上昇する事を目指すようになります。

また、『日月神示』にはこのような言葉もあります。

「何もかも持ちつ持たれつであるぞ
臣民喜べば神も喜ぶぞ、
金（きん）では世の治まらんと申してあるのに、
まだ金追うてゐる醜い臣民ばかり

金は世をつぶす本《もと》ぞ」

これは、貨幣制度の事です。

現在はイルミナティやフリーメーソンがお金によって地球を支配しているので、いくらお金を追ってみても、しょせん、通貨発行権を持っている彼らには勝てないですし、世の中は良くなりません。この言葉はその事を示しているのです。

「苦しくなったら何時でも御座れ
その場で楽にしてやるぞ
神に従えば楽なって逆らえば苦しむのぞ」
これは、祈りの事を言っています。
つまり、自我を出せば出すほど人生は辛くなり、反対に、素直に神に従って、真理に生きれば楽になるのです。

王仁三郎が予言した大峠の後に起こる世界の立替・立直し

『霊界物語』を書き記した出口王仁三郎は、これから人類は大峠を越えて世界の立替え・立直しが起きると言っています。

大峠とは、第三次世界大戦のような最終兵器が使われて、大混乱が起きるという事で、そうなれば、世界の人口はわずか3％しか残らないと予言しています。

立替・立て直しの範囲は、「あとにも先きにも、末代に一どよりない大もうな、みたま（霊魂界）とこのよ（現世界）との大立替えである」とあり、変わるのは、精神界（霊界）も現実界（現界）もふくめての全世界であり、しかも「何事も一さいの立替えである」という事です。

立替え・立直しをするためには、「一日も早く、もとの水晶魂に立ちかえりて、ご用をいたしてくだされよ」とあり、この水晶魂というのが私のいう大きな愛です。

つまり、大峠を乗り越えて、みろくの世に以降できるのは、きれいな御《み》霊《たま》を持つ覚醒した人達という事です。

また、王仁三郎は、「日出《ひいづ》る国の日《ひ》の本《もと》は、全く世界の雛形ぞ」とも言っていて、これは、日本で起きる事はやがて世界でも起きるという意味です。

という事は、まず日本人が、王仁三郎が予言した「みろくの世」、つまり、原点に戻る理想社会を築けるかどうかが大事で、それが叶えば、世界全体の平和も叶うという事になります。

ただし、その前に大峠が訪れる可能性があります。それは悲惨な戦争かもしれないし、もしかしたら大規模な自然災害に襲われるか、それとも闇の支配層によるコロナ以上の生物兵器によるパンデミックかもしれません。

しかし、苦しい経験は全てが成長の糧になります。

苦しい経験を通して、自分を変えていく事、これが「人生」です。

そして、人は「苦しい時ほど自分を変えやすい」のです。

苦しみは、成長の糧に必ずなります。

全ての出来事は一切無駄がありません。

全ての出来事を覚醒のためのゲームとしてとらえられれば、どんなに大きな壁も必ず乗り越えていけるでしょう。

命をかけてでも成し遂げたいと思う事は必ず叶う——それが宇宙の法則

みろくの世とは、本当の神や高次元の宇宙人と波長が合うような地上天国の事で、それには低次元の悪い宇宙人や闇の支配層は入ってこられない、次元上昇した世界です。

つまり、自分自身を愛と感謝で満たし、それを社会全体に広げていく事で次元上昇する事がみろくの世に繋がるのです。

そのためには、まず水や食べ物を変え、波動の高いものを取り入れて、できるだけ化学物質や電磁波を遠ざける生活をしながら、昔の縄文人のような感覚・感性を取り戻す事。そして、いつもあなたの傍《かたわら》にいる守護霊や高次元の宇宙人と交流をはかっていく事です。

そうすれば、見えない世界がグッと身近なものになってくるでしょう。

僕は、いつも守護霊を通して聞いている言葉が、「宇宙人を通して話しかけてきているのでは？」と思う瞬間がよくあります。

電波や紫外線、空気などと同じように、目に見えない世界は必然的にあり、目に見えないものが存在するのは普通の事です。

ですから、僕を通して、宇宙人がいろいろな事を語りかけ、僕を通して人を良くしていきたいと思っているのかなと感じるのです。

もちろん、中には宇宙人の存在を否定する人もいるでしょうが、実際には高次元の宇宙人は身近にいて、そして僕のように宇宙人の魂が入った人間もたくさんいるのではないかと思います。

なので、ぜひあなたも自分の波動を高めて、高次元の宇宙人との繋がりを強めてください。

それを習慣化する人が増えていけば、日本から5％の覚醒者が現れるのも決して夢ではないでしょう。

それだけでなく、意図的に奇跡を起こす事もできるようになります。

奇跡を起こす人は、「奇跡を起こせる事を知っている」人だからです。

奇跡を起こすには「心の底から信じる」という事です。

なので、あなたが絶対にできると思った事は叶います。

心の底から思える事は叶うのです。

これが奇跡を起こす方法です。

あなたが命をかけてでも成し遂げたいと思う事は必ず叶う——それが宇宙の法則なのです。

脳内視力を改善する「奇跡のメガネ」とは？

最後に、最近僕が愛用している「奇跡のメガネ」についてご紹介したいと思います。

メガネといっても、この奇跡のメガネは、普通のメガネとは違って度つきのレンズは入っていません。

この奇跡のメガネを作ったのは、メガネづくり一筋30年の松本康さんという方です。これまで2万人超のメガネを作り、心屋仁之助《こころやじんのすけ》や本田健などの著名人のファンや海外からの顧客も多いそうで、松本さんはいわゆる「立体視」ができない人が全体の二分の一もいる事実から、「脳内視力」というコンセプトにたどり着き、試行錯誤の末、「脳内視力を改善するメガネ」を完成させたそうです。

脳内視力というのは、普通の視力ではなくて、脳内で右眼と左眼から入る画像がクロスして見える視力の事で、そこでズレが生じると脳はそれを必死で調整しようとして、結果的に酷使し、眼の疲れ、頭痛、ひどい肩こりなどの症状があらわれてしまうのです。

この魔法のメガネは精密検査をした後、オーダーメイドで作ってくれるのですが、僕が最初に検査を受けたとき、「あなたは、普段右目しか使っていませんよ」と言われました。

左目の神経が一切脳にいっていなくて、だから右目でしか物を見ていないと。確かに、そう言われてみれば、物が立体的に見えていないせいで、それまでよく角に身体や足をぶつけていました。

「でも、本当は物事って立体で見えるはずなんですよ。島尻さんの場合は、それが立体的に見えなくなっちゃっていると思います」と指摘されて、２、３時間かけてじっくり検査をしてもらいました。

点滅するランプを見ながら、松本さんが「今、どうなっています？」と聞きます。

「ここら辺が点滅しています」（私）

「島尻さんは文章を読むとき、右目は1行目を見ながら左目は10行目を見ているから、すごく疲れるんですよ。だから集中すると余計疲れるので、本を読むのが得意ではなかったのです」

ようするに、本当は全部立体的な３Ｄに見えるはずが、僕の場合は平面的な２Ｄの中に生きていた事になり、松本さんによると、10人中８人くらいは立体視できていないそうです。
それと面白かったのが、霊能者の特徴までわかった事です。
「ご職業は霊媒師さんでしたっけ？」
「あ、そうなのですね」（私）
「あ、霊媒師さん合っていますよ」
「何でですか？」（私）
「占い師とか霊媒師さんって、相手の右側を見る人が多いじゃないですか。そうすると、違ったものが見えているんじゃないかと思います。統計的にもそれが出ていて、だからものすごく合った職業をやられているという事ですね」
「そうなんですか」（私）
この魔法のメガネをかけるようになって、立体視ができるようになり、快適な生活が送れるようになったのと同時に、本来は３Ｄに見えるはずが

２Ｄの世界にいたという事実から脳内視力の大切さに気づかされました。

実は、これは見えない世界にもいえる事です。私達は本来、見えない４次元、５次元の世界と重なり合っている、にもかかわらず、物質的な３次元世界だけに囚われて真実を見失っているのです。

今こそそれに気づいて、３次元の物質世界に対する囚われから離れ、高次元世界を見渡せる奇跡のメガネ＝魂目線に切り替えるときです。

全ての存在は繋がりあっている

愛や霊性に目醒めるためには、まず第一に、これまでの3次元世界の教育や情報（特にマスメディアの情報）に惑わされない事が大事です。

今はインターネット上でたくさんの情報が得られる時代なので、できるだけ信頼度の高い情報を選んで、それが愛や霊性に基づいているものかどうかをよく見極める事が賢明です。

僕がみなさんに伝えていきたいのは、世界の真実です。

全ては繋がっているので、日本の、そして世界の5%が目醒めたら、世の中全体が目醒める事ができるのです。

真実は、全ての存在は繋がりあっていきます。

目醒めは、世の中の裏の仕組みを知ったうえで、そこから離れて、愛に生きる事です。

愛を広げていくためには、全ての存在が繋がりあっているのを知る事です。

『ウィ・アー・ザ・ワールド』や『イマジン』の曲は、世界は一つだと伝えていたので、闇の支配層にとっては、その歌を歌われるのが一番嫌がります。

世界は一つとなると、人々はムダな競争や戦争をしなくなる、そうなると彼らは困るので、「世界は一つではない」「敵と戦え」と洗脳し続けたいのです。

ちなみに、ビートルズは、ジョン・レノン以外は全員フリーメーソンだと言われていて、ジョン・レノンだけが霊性に目醒めていました。

それだけオノ・ヨーコの影響が強かったわけで、二人は出会うべくして出会ったのです。

実は、オノ・ヨーコさんは能力者で、ジョン・レノンと二人になると影響力が大き過ぎ、みんなが愛に目醒めたら困るので、ジョンは彼らによって抹殺されたのです。

しかし、ジョン・レノンの魂は決してなくならず、高次元の宇宙人やあなたの守護霊と同じように、愛ある人、そしてあなたの傍《かたわら》に、いつもいてくれているのです。

あとがき

今もまだコロナ騒ぎが続いていますが、この時期にこの本が出る事は、それなりの意味があると思います。

今から4〜5年前のある日、僕は夜中の2時頃に急に守護霊に「起きろ！」と起こされて、2時間くらいしか寝かせてもらえない日々が続きました。

日中、鑑定して、夜中の12時に寝て、夜中2時頃に起こされる。そして、世の中の裏側の仕組みについて、朝まで調べさせられたのです。

それから数年後に、本文中で述べた宇宙人に出会う事になるわけですが、今思うと全て繋がっていたのだと思います。

僕はそれまで、スピリチュアルカウンセラーとして、霊感を使ってお客さんの守護と繋げてメッセージを降ろす仕事をしていた事もあって、宇宙

あとがき

人とのテレパシーのやりとりも楽でした。

そのうえで、より現実的な事柄についていろいろと調べて、それを宇宙人の話と突き合わせながら、この本にまとめてきたわけですが、もし宇宙人に会ってなかったら、薄っぺらい内容になっていたかもしれません。

また、アメリカの46代大統領が正式にバイデンに決まった事で、闇の支配層による影響力がこれまで以上に強まるかもしれません。

必要なタイミングで、必要な出会いや出来事があり、そして必要な内容の本に仕上がった。だからこそ、この本がみなさんにとって必ずや目醒めのきっかけになると信じています。

令和3年3月吉日

島尻　淳

【著者】
スピリチュアルカウンセラー　サイキック（霊能力者）
島尻　淳

幼少期からサイキック（霊能力者）能力を持ち、20代でスピリチュアルカウンセラーとして独立。実際に相談された方のクチコミから依頼が増え、20年間で述べ2万人以上の鑑定実績を持つにいたる。そのクライアントは10代～70代まで幅広く、著名人や芸能人も多数。鑑定以外にも浄霊、先祖供養なども専門に行い、特に除霊に関しては10年以上の実績がある。相談者を目の前にするだけで過去や未来が視え、本人のアドバイスから、運命を好転させている。

現在は、引き寄せの思考法『ポジティブルーティン』を使って、望む人生を引き寄せるオンラインサロン、イベント、鑑定など多岐に渡り活動を行なっている。著書に『ポジティブ ルーティン ～「ありたい自分」を引き寄せる』（スタンダーズ社）

世界の真実

令和３年３月25日　初版発行

著　者　島尻淳
協　力　アカオアルミ（株）代表取締役会長　赤尾由美
発行人　蟹江幹彦
発行所　株式会社　青林堂
〒150-0002　東京都渋谷区渋谷3-7-6
電話　03-5468-7769
装　幀　TSTJ inc.
印刷所　中央精版印刷株式会社

Printed in Japan

ISBN 978-4-7926-0698-5